SEMENTES *entre* LÁGRIMAS

Pe. Antonio José

SEMENTES *entre* LÁGRIMAS

Porque o seu sofrimento não é em vão e como Deus se faz presente em meio à dor

petra

Rio de Janeiro, 2015

Editora Nova Fronteira Participapações S.A.
Rua Nova Jerusalém, 345 - Bonsucesso - 21042-235
Rio de Janeiro - RJ - Brasil
Tel.: (21) 3882-8200 - Fax: (21)3882-8212/8313

CIP-BRASIL. CATALOGAÇÃO NA FONTE
SINDICATO NACIONAL DOS EDITORES DE LIVROS, RJ

J71s

José, Antonio
Sementes entre lágrimas: Porque o seu sofrimento não é em vão e como Deus se faz presente em meio à dor / Antonio José. - 1. ed. - Rio de Janeiro : Petra, 2015.

ISBN 978.85.220.3156-6

1. Cristianismo 2. Vida cristã. 3. Bíblia. I. Título.

CDD: 248.4
CDU: 248.4

SUMÁRIO

INTRODUÇÃO — HOJE É TEMPO DE SEMEAR

Querido irmão, querida irmã,

O que você tem em suas mãos, agora, não é apenas um livro, mas um punhado de sementes. Estas páginas estão cheias de passagens da Bíblia Sagrada, escolhidas para falar ao seu coração. O Senhor Jesus Cristo disse um dia que

> *A semente é a Palavra de Deus.*
>
> (Lucas 8,11)

Quando Deus deseja fazer algo novo em nossa vida, Ele sempre trabalha com sementes. Gostaríamos que suas respostas chegassem às nossas mãos prontas, maduras. Mas Ele sempre nos confia algumas pequenas sementes, à espera de que cuidemos delas. Cada palavra que Deus lança no nosso íntimo, cada promessa Dele à qual nos agarramos, pode ser o início de uma grande transformação em nós e ao nosso redor. Portanto, é preciso acreditar nas sementes; confiar na vida e no poder que elas carregam dentro de si; cuidar delas para que não se percam; irrigá-las para que se rompam e deem frutos.

O Evangelho de João nos conta que,

> *Um dia, havia na cidade de Cafarnaum um oficial do rei, cujo filho estava doente. Ao ouvir que Jesus vinha da Judeia para a Galileia, foi a Ele e rogou-lhe que descesse e curasse seu filho, que estava prestes a morrer. Disse-lhe Jesus: "Se não virdes milagres e prodígios, não credes..." Pediu-lhe o oficial: "Senhor, desce antes que meu filho morra!" "Vai" — disse-lhe Jesus —, "o teu filho está passando bem!" O homem acreditou na palavra de Jesus e partiu. Enquanto ia descendo, os criados vieram-lhe ao encontro e lhe disseram: "Teu filho está passando bem." Indagou então deles a hora em que se sentira melhor. Responderam-lhe: "Ontem à sétima hora a febre o deixou." Reconheceu o pai ser a mesma hora em que Jesus dissera: "Teu filho está passando bem." E creu tanto ele como toda a sua casa.*
>
> (João 4,46-53)

Diante de um filho doente, um coração de pai só deseja uma coisa: curá-lo. O oficial do rei que foi ao encontro de Jesus estava com o filho às portas da morte e, por isso, foi buscá-Lo e pedir que fosse até a sua casa. Talvez ele já tivesse ouvido falar de Jesus e soubesse que, apenas com um toque de Sua mão, Ele seria capaz de trazer seu filho de volta à vida, com plena saúde. Contudo, Jesus não correspondeu às expectativas daquele pai. Deu-lhe apenas uma ordem e um diagnóstico completamente diferente de todos que o oficial já havia escutado a respeito do filho: "Vai, o teu filho está passando bem!" Diante dessas palavras, aquele homem só tinha uma alternativa: agarrar-se a elas, acreditar e tomar o caminho de volta para casa, ou deixar-se vencer pelo desânimo e permanecer ali, sem saber mais para onde ir. A Bíblia nos diz o que ele escolheu fazer: "O homem acreditou na palavra de Jesus e partiu."

Querido irmão, querida irmã, palavras são sementes. E as palavras que saem dos lábios de Jesus e caem em nosso coração são sementes poderosas, capazes de gerar fé e fortaleza. O oficial do rei ouviu as palavras de Jesus e plantou-as em seu coração. Creu nelas e tomou uma atitude de fé: voltou para casa, alimentando dentro do peito, passo a passo, a confiança que nele havia brotado. Hoje, assim o Senhor deseja fazer com você! Dando-lhe uma palavra, uma semente, Ele deseja que você se agarre a ela com toda a sua fé. Talvez o Senhor lhe dê um "diagnóstico" da sua situação completamente diferente de tudo o que você já ouviu. Quem sabe Ele faça você ver as coisas com um olhar novo, cheio de esperança, capaz de ver caminhos onde antes não via senão provações e obstáculos. Talvez Ele encoraje você a tomar uma atitude à altura da Palavra que foi semeada em seu interior, libertando você de uma passividade que nada tem a ver com fé, mas com desânimo. Este livro pretende ser um instrumento para que você encha sua alma da semente de Deus, Sua Palavra; para que nunca mais se sinta estéril espiritualmente e para que dê muitos frutos.

O TEMPO DA SEMENTE

Há uma conhecida passagem da Escritura que fala sobre os tempos, bons e difíceis, que sucedem em nossa vida:

> *Para tudo há um tempo, para cada coisa há um momento debaixo do céu: tempo de nascer e tempo de morrer; tempo de plantar e tempo de colher [...] tempo de chorar e tempo de sorrir; tempo de gemer e tempo de dançar...*
>
> (Eclesiastes 3,1-2.4)

Aprender a viver cada momento sem ansiedade, em um mundo tão agitado como o nosso, é um grande desafio. Repare que, apesar de o texto bíblico afirmar que há tempo para começos e términos, alegrias e tristezas, ele jamais diz que há "tempo perdido". Quando acreditamos que Deus está realizando uma obra em nossa vida (e essa obra somos nós mesmos!), nunca perdemos tempo. Nem sempre é ocasião para colher, mas certamente será, então, tempo de plantar, aguardar, acreditar. Se hoje não é tempo de colheita em sua vida, sem dúvida, é tempo de lançar sementes, acreditar naquilo que virá, confiar na Palavra do Senhor.

Um dia Jesus comparou o trabalho de Deus em nós com uma semeadura:

> *O Reino de Deus é semelhante a um homem que lança a semente à terra. Dorme, levanta-se, de noite e de dia, e a semente brota e cresce, sem ele o perceber. Pois a terra, por si mesma, produz primeiro a planta, depois a espiga e, por último, o grão abundante na espiga. Quando o fruto amadurece, ele mete-lhe a foice, pois é chegada a hora da colheita.*
>
> (Marcos 4,26-29)

Quando Deus nos confia sementes (sua Palavra, suas promessas, a esperança que Ele mesmo deposita em nós), nossa tarefa é cuidar do que Ele nos deu. O Senhor espera somente que acreditemos na vitalidade daquilo que Ele mesmo depositou em nós e que correspondamos com atitudes cheias de confiança. Na história contada por Jesus, cabe ao agricultor cuidar das sementes; mas seria tolice se ele pensasse que poderia apressar o crescimento das sementes com sua agitação ou ansiedade. Nenhum agricultor passa a noite dando ordens às sementes para que elas brotem! Assim também acontece conosco: cabe-nos cultivar, fazer o que Deus pede de nós a cada dia, acreditar no Seu cuidado por nossa vida. Nossa ansiedade, nossa agitação, em nada apressam o tempo das sementes. A hora da colheita chega no tempo oportuno. É preciso viver cada momento. Talvez, hoje seja seu dia de lançar as sementes, regá-las com sua fé, voltar a acreditar naquilo que Deus colocou em suas mãos e nas promessas que Ele gravou em sua alma. Primeiro, é preciso que elas cresçam dentro de você, gerando um impulso novo na sua vida. Para que, um dia, você veja as sementes de Deus darem frutos ao seu redor, antes você precisa ser capaz de ver esses frutos no seu espírito, com os olhos da fé.

Enquanto as sementes estão germinando, crescendo, dentro de nós, é preciso cuidar para que elas não se percam. Como disse, gostaríamos que as soluções nos chegassem prontas, de maneira imediata. Por isso, corremos o risco de desprezar as pequenas sementes que Deus colocou em nossas mãos, a Palavra da promessa que Ele gravou em nosso coração. Ao comparar a Palavra de Deus à semente que cai no coração do homem, Jesus nos alertou sobre o perigo que ela corre de se perder antes do tempo da colheita. No Evangelho de Lucas (8,11-15), o Salvador nos revelou que:

- O demônio deseja tirar a Palavra do nosso coração, pois é somente a partir daí que ela produz fruto. Enquanto está apenas nos ouvidos ou na mente, a Palavra ainda não caiu em terra segura; pode ser arrancada por qualquer motivo, por qualquer dúvida. Apenas quando for acolhida no coração, ou seja, naquele lugar dentro de nós onde fazemos nossas escolhas e tomamos nossas decisões, é que a Palavra se torna fonte de vida para nós. Certamente você já ouviu e leu muitas vezes a Palavra de Deus. Até onde você permitiu que ela chegasse? A partir do momento em que a recebemos no íntimo, e nos deixamos guiar nas nossas escolhas por ela, é que a Palavra está segura.
- Há corações que "creem até certo tempo, e na hora da provação abandonam a Palavra"; não têm raiz em si mesmos. A raiz de uma árvore está oculta, enterrada, mas é ela que absorve os nutrientes que alimentam toda a planta. Assim também é conosco: é preciso que tenhamos raízes, que ninguém vê, mas que alimentam nossa vida. Quando nossas raízes estão profundamente colocadas em Deus, não abandonamos suas promessas enquanto estamos passando pela hora da provação. Quanto mais forte a raiz, mais a árvore é capaz de crescer em segurança. Quanto mais profunda sua comunhão com Deus, mais sua alma será alimentada por Ele e você será capaz de crescer de maneira segura e duradoura.
- Por fim, Jesus nos diz que há sementes (palavras) que caem em meio aos espinhos, que as sufocam. O Senhor identificou os espinhos capazes de sufocar a Sua Palavra dentro de nós: as preocupações da vida; o

desejo das riquezas; os prazeres. Por causa dessas coisas, acabamos não permitindo que a Palavra floresça. Ela é sufocada por tantas outras vozes de comando que ouvimos dentro de nós mesmos, que nos arrastam para lá e para cá. Cuide para que nada sufoque a obra de Deus que está nascendo dentro de você. E um alerta importante: entre os espinhos mencionados por Jesus, estão "as preocupações da vida". Preocupações exageradas, lentes de aumento para os problemas, que tiram nossa atenção da direção de Deus e nos levam a buscar as "soluções" mais imediatas.

ENQUANTO AS PROVAÇÕES NÃO PASSAM

Suas mãos não estão vazias. Em alguns momentos, imaginamos que não carregamos conosco nenhuma semente vinda de Deus; pensamos que talvez tenhamos deixado que elas nos escapassem por entre os dedos, ou então que a vida tenha nos roubado tudo o que poderia florescer em nós. Não é assim! Às vezes, nossas sementes estão escondidas entre nossas lágrimas. O Salmo 125 nos diz que:

> *Os que lançam as sementes entre lágrimas colherão com alegria. Na ida, caminham chorando os que levam as sementes. Na volta, virão com alegria, quando trouxerem os seus feixes.*
>
> (Salmos 125,5-6)

Não se esqueça: tempos de provação, tempos de lágrimas, podem ser também tempos de semeadura. Na vida cristã, quando se chega à Cruz, não é tempo de derrota. Deus sabe transformar nossa Cruz em bênção, "nosso pranto em canção". Ele nos ensina a recomeçar, a reaprender a viver depois de uma dor que nos fez pensar que não saberíamos jamais prosseguir. É algo que só Deus pode fazer em nós. E Ele deseja fazer isso em você, ainda hoje. Ali onde você se sente mais fraco, mais incapaz, o Senhor quer ser forte e fazer você sentir que ainda há vida no seu interior. Acredite no imenso potencial que Deus depositou em você e aproveite com gratidão cada pequena oportunidade de vida que Ele lhe concede neste dia. Infelizmente, algumas pessoas escolhem viver cada dia como um fardo, não como um presente de Deus. Nós, porém, escolhemos viver o nosso HOJE como uma oportunidade, lançando as pequenas sementes que temos no solo da nossa fé. A Bíblia nos ensina que, a cada manhã, somos presenteados com uma nova obra prima de Deus:

> *Esse é o dia que o Senhor fez para nós, alegremo-nos e nele exultemos!*
>
> (Salmos 117,24)

Prezado irmão, prezada irmã, Deus está colocando algumas sementes de fé nas suas mãos. Talvez elas sejam pequenas, mas não as despreze. Acolha cada palavra vinda do Pai como uma chance para reviver. Oro para que, nos próximos dias, lendo este livro, você se sinta um semeador de esperança. Que cada palavra seja um novo alento ao seu coração e o ajude a crescer na sua amizade com Jesus Cristo. Conhecê-lo, ouvi-lo, segui-lo, é um manancial inesgotável de paz. Que a Palavra de Deus lhe dê criatividade e serenidade para tomar decisões acertadas e dizer palavras que alcancem o coração dos seus. Convido você a orar e peço que Deus abençoe a sua leitura:

Senhor, meu Pai, às vezes tenho a impressão de que tudo dentro de mim secou e se tornou um imenso deserto. Ao longo de minha vida, sufoquei algumas sementes que me davam tanta esperança! Outras vezes, vi os ventos da tribulação levarem embora o que eu desejava cultivar com tanta expectativa. A aridez dentro de mim acabou me tornando também uma pessoa seca no convívio com aqueles que me cercavam. No entanto, hoje, sei que tudo pode ser mudado, porque não há impossíveis para Ti. Obrigado, porque compreendo que o tempo de prova que estou vivendo não é tempo perdido, mas vai dar lugar a uma abençoada colheita, fruto das sementes de fé que estou lançando agora. Eu me agarro à Tua Palavra, Senhor, mesmo em meio às lágrimas. Creio que és um Deus que pode transformar Cruz em vitória, sementes em frutos, perseverança em bênção. Obrigado, porque minhas mãos não estão vazias e posso lançar as sementes no solo da minha vida, regando-as com minha fé. Porque sei que o Senhor sempre completa as obras que inicia, eu Te louvo; por tudo que estou começando ou recomeçando Contigo no dia de hoje, eu Te agradeço. Neste momento, assumo uma postura de fé diante da vida, pois sei que chegou o tempo de semear. Tomo em minhas mãos Tua Palavra e, renovado por ela, prosseguirei o caminho da minha vida. Amém.

Pe. Antonio José

Para que tenhamos uma colheita abençoada, pois estamos tratando de uma semeadura feita no solo da nossa fé, é preciso que confiemos no poder que está oculto em cada semente. Como o Senhor Jesus nos advertiu, a semente é a Palavra de Deus. Quando Deus deseja nos impulsionar para algo melhor e maior do que o que poderíamos viver somente com nossas forças, Ele nos dá a Sua Palavra. Através dela, conhecemos o coração, os pensamentos, os sonhos de Deus, e nos entregamos confiantemente a Ele. Existem palavras que destroem (talvez você já tenha ouvido muitas...), mas a Palavra que vem de Deus renova, cria, dá vida. Para que você se apaixone por essa Palavra, veja o poder que se encontra nela:

> *Os caminhos de Deus são perfeitos, a PALAVRA do Senhor é pura. Ele é o escudo de todos os que nele se refugiam. (Salmos 18,30)*

> *Em sua angústia clamaram então ao Senhor; Ele os livrou de suas tribulações. Enviou a sua PALAVRA para curá-los, para os arrancar da morte. (Salmos 106,19-20)*

> *Vossa PALAVRA é uma lâmpada para os meus passos, uma luz em meu caminho. (Salmos 118,105)*

> *Tal como a chuva e a neve caem do céu e para lá não volvem sem ter regado a terra, sem a ter fecundado, e feito germinar as plantas, sem dar o grão a semear e o pão a comer, assim acontece à PALAVRA que minha boca profere: não volta sem ter produzido seu efeito, sem ter executado minha vontade e cumprido sua missão. (Isaías 55,10-11)*

Respondeu-lhe Simão Pedro: "Senhor, a quem iremos? Só Tu tens PALAVRA de vida eterna. E nós cremos e sabemos que Tu és o Santo de Deus." (João 6,68-69)

Pois fostes regenerados não por uma semente corruptível, mas pela PALAVRA de Deus, semente incorruptível, viva e eterna. Porque toda carne é como a erva, e toda a sua glória como a flor da erva. Seca-se a erva e cai a flor, mas a PALAVRA do Senhor permanece para sempre. (1Pedro 1,23-24)

A MELHOR ESCOLHA DA SUA VIDA

Um fariseu convidou Jesus a ir comer com ele. Jesus entrou na casa dele e pôs-se à mesa. Uma mulher, conhecida na cidade como pecadora, quando soube que estava à mesa em casa do fariseu, trouxe um vaso de alabastro cheio de perfume; e, estando a seus pés, por detrás dele, começou a chorar. Pouco depois, suas lágrimas banhavam os pés do Senhor e ela os enxugava com seus cabelos, beijava-os e os ungia com o perfume.

Ao presenciar isso, o fariseu, que O tinha convidado, dizia consigo mesmo: "Se este homem fosse profeta, saberia que tipo de mulher está tocando nele, pois é pecadora." Então, Jesus lhe disse: "Simão, tenho uma coisa a dizer-te." "Fala, Mestre" — disse ele. "Um credor tinha dois devedores: um lhe devia quinhentos denários e o outro, cinquenta. Não tendo eles com que pagar, perdoou a ambos a sua dívida. Qual deles o amará mais?" Simão respondeu: "A meu ver, aquele a quem ele mais perdoou." Jesus replicou-lhe: "Julgaste bem." E, voltando-se para a mulher, disse a Simão: "Vês esta mulher? Entrei em tua casa e não me deste água para lavar os pés; mas esta, com as suas lágrimas, regou-me os pés e enxugou-os com os seus cabelos. Não me deste o beijo; mas esta, desde que entrou, não cessou de beijar-me os pés. Não me ungiste a cabeça com óleo; mas esta, com perfume, ungiu-me os pés. Por isso, te digo: seus numerosos pecados lhe foram perdoados, porque ela tem demonstrado muito amor. Mas ao que pouco se perdoa, pouco Ama."

E disse a ela: "Perdoados te são os pecados." Os que estavam com ele à mesa começaram a dizer, então: "Quem é este homem que até perdoa pecados?" Mas Jesus, dirigindo-se à mulher, disse-lhe: "Tua fé te salvou; vai em paz."

(LUCAS 7,36-50)

Chegamos aos pés de Jesus por muitos caminhos. Trazemos conosco as feridas dos lugares por onde passamos, das escolhas erradas que fizemos. Contudo, não importa quão quebrados cheguemos aos pés do Senhor; importa o que Ele ainda pode fazer por nós. Talvez você já tenha ouvido alguma pessoa dizer, em um momento de desânimo: "Não sei mais o que fazer da minha vida!" Talvez você mesmo já tenha dito isso! Quando não sabemos mais o que fazer de nós mesmos, Jesus ainda sabe. A história do Evangelho que lemos acima fala de uma mulher que reencontrou, aos pés de Jesus, sua dignidade e a paz de sua alma; duas palavras resumem tudo: arrependimento e perdão.

O RECOMEÇO DE UMA VIDA

No começo de sua narrativa, Lucas nos diz que Jesus estava na casa de um homem importante chamado Simão quando, de repente, aproximou-se uma mulher. Não sabemos seu nome, contudo, ela certamente não passou despercebida, pois Lucas nos diz que "era conhecida na cidade como pecadora". Não era conhecida pelo nome, nem pelo que pensava ou sentia; porém, todos conheciam o seu pior, os seus pecados. Quando a Bíblia afirma que uma mulher era vista como "pecadora", muito provavelmente está se referindo a alguém que se envolvera em algum tipo de relacionamento errado, talvez um adultério, ou então a alguém que se entregara à prostituição. A mulher na casa de Simão havia feito escolhas erradas em sua vida; talvez tivesse destruído famílias por causa de sua leviandade. Sem dúvida, sentia-se vazia e sem nada a perder, a ponto de arriscar-se ir à casa de um fariseu sem ser convidada e, com toda certeza, sem ser bem-vinda.

Podemos imaginar que essa mulher tivesse ouvido Jesus pregar em alguma praça, ou então que tivesse recebido notícias a respeito do Mestre que se deixava tocar e ouvia todo tipo de gente. Talvez por isso ela tivesse se enchido de coragem para se aproximar, contar alguns de seus segredos e pedir um conselho, uma ajuda. É certo que ela deve ter planejado algumas palavras para dizer assim que se aproximasse de Jesus, como nós também o teríamos feito. Entretanto, o evangelista Lucas nos afirma que, tão logo se aproximou do Salvador, a mulher pecadora caiu aos seus pés e pôs-se a chorar. E seu choro, incontido e não interrompido por Jesus, foi tão grandioso que se tornou capaz de lavar os pés do Senhor. Nenhuma palavra, nenhuma explicação. Jesus tornou-se o ponto de chegada daquele coração vazio, que precisava esvaziar-se também de seus pecados naquelas lágrimas. Ali, aos pés do Mestre, a mulher derramou sua história, seu passado. A única coisa que realmente importava para Jesus, que não a empurrou para longe, mas que permitiu que ela descansasse seu coração aos Seus pés, era o seu transbordante arrependimento.

A ÚNICA COISA QUE PODE MUDAR O PASSADO

Uma vida só pode ser transformada quando existe arrependimento. Tudo na vida cristã começa ou recomeça aí. Após trinta anos de silêncio em Nazaré, as primeiras palavras de Jesus, ao iniciar seu ministério, foram:

> *O tempo já se completou e o Reino de Deus está próximo. Arrependei-vos e crede no Evangelho.*
>
> (Marcos 1,15)

Há um momento em nossa vida em que entendemos que o tempo se completou; não podemos mais deixar para depois a decisão de mudar e recomeçar nossa história com Deus. De repente, percebemos que Seu reinado em nossa vida está muito perto, esperando apenas pela nossa rendição a Ele. É possível que, nessa hora, tenhamos a impressão de que o passado que deixamos para trás é muito maior do que o caminho que ainda temos pela frente; talvez pensemos que seria maravilhoso se pudéssemos voltar atrás e fazer tudo diferente. Contudo, a única graça que Deus nos concedeu, capaz de cobrir nosso passado e deixar-nos em paz com a história que vivemos, foi a graça do arrependimento. Por meio dela, tudo o que passou não nos impede de acreditar que aquilo que Deus tem para nós é muito maior do que os erros que cometemos. Por Ele, reconhecemos as feridas que abrimos em nossa própria vida e na vida de outros e, ao mesmo tempo, somos tocados pelo bálsamo do perdão de Deus, que nos cura com seu poderoso amor, justamente ali onde mais nos machucamos.

No dia a dia, sabemos quanto o arrependimento é importante para que haja um recomeço. Por exemplo, um relacionamento conjugal ferido, uma família destruída, só podem ser refeitos quando todos decidem abrir mão de se acusar reciprocamente e cada um começa a se arrepender dos próprios erros. Quando fazemos isso, percebemos que abrimos feridas na nossa história e descobrimos quanto precisamos de Deus. Só Ele pode ir lá aonde erramos, perdoar-nos e dar-nos a chance de prosseguir o caminho adiante, sem nos sentirmos prisioneiros daquilo que já passou.

Há alguns obstáculos que o Espírito Santo deve nos ensinar a superar para sermos tocados por um profundo reconhecimento de nossos erros, de tal maneira que nos empenhemos numa mudança pessoal. Em primeiro lugar, estamos acostumados a nos justificar por tudo aquilo que fazemos, inclusive o mal que praticamos. Temos uma tendência muito forte a explicar nossos pecados mostrando quanto fomos impelidos a eles e, no fundo, tínhamos razão ao fazer o que foi feito. Ou então, escondemo-nos atrás dos erros dos outros, desviando os olhos de nós mesmos. Tudo tem uma explicação; não erramos, não fomos egoístas nem "maus". O problema é que, se temos uma justificativa para tudo, logo, não precisamos ser perdoados ou receber uma nova chance. O abençoado choro daquela mulher pecadora aos pés de Jesus não permitiu que ela se justificasse ou procurasse culpados para as tantas mazelas de sua vida. Ela simplesmente se colocou ali, aos pés do Senhor, necessitada de perdão e de uma nova oportunidade para refazer seu caminho. Escolhendo não se justificar, aceitando ser acolhida e perdoada por Jesus, ela pôde parar de fugir e finalmente encontrar a paz.

Outro problema quando o assunto é arrependimento é que ele pode ser confundido com sentimento de culpa. Enquanto o arrependimento nos coloca aos pés do Senhor e nos faz reconhecer que O ferimos com nossos pecados, o sentimento de culpa nos afasta Dele e nos faz desconfiar de Sua capacidade de cuidar de nós em todas as nossas necessidades. A culpa nos coloca diante de um espelho, olhamos somente para nós mesmos e nos perguntamos: "Como pude fazer isso?" Se, por um lado, há uma grande tendência a nos justificarmos por tudo o que fazemos, por outro, não conseguimos aceitar que carregamos fraquezas e imperfeições dentro de nós contra as quais somos absolutamente impotentes sozinhos. Nesse paradoxo, então, nos perguntamos: "A essa altura do campeonato, como pude cair nessa? Logo eu, como me deixei levar por isso?" etc. Duas faces de uma mesma moeda: quando nos justificamos demasiadamente ou quando nos atormentamos perguntando "Como pude fazer isso?", estamos fugindo de olhar para nossa própria condição de pecadores e nos subtraindo a um relacionamento amoroso com o Senhor, que é rico em misericórdia. O arrependimento nos faz reconhecer que, ao tentar fazer as coisas por nós mesmos, interrompemos o fluxo da vida de Deus que deve reger nossas atitudes. O Espírito Santo não usa nossos erros passados para nos envergonhar ou constranger. Suavemente, Ele nos revela onde caímos (ver Apocalipse 2,4-5) e nos dá o remédio para as feridas que foram abertas: voltar a ouvir a voz de Deus. O sentimento de culpa é apenas uma grande decepção com nós mesmos, quando, de repente, descobrimos que não somos tudo aquilo o que deveríamos ou achávamos ser. O arrependimento nos faz buscar mais a Deus, porque nos reconhecemos necessitados de Sua ajuda. O sentimento de culpa nos fecha em nós mesmos, em um círculo vicioso de autocobrança e autopunição. O inimigo de Deus, que a Bíblia também chama de "acusador" (ver Apocalipse 12,10), aproveita-se então de nosso orgulho ferido e, recordando-nos vivamente dos nossos erros, tenta nos arrastar para o desânimo com nós mesmos.

CREIA QUE É AMADO

Simão, o dono da casa onde Jesus estava hospedado, duvidou do poder de Cristo, justamente porque o Salvador deixou-se tocar pela mulher pecadora. De fato, Jesus permitiu que "aquele tipo de mulher" permanecesse ali, ungindo seus pés, tocando-o com seus beijos. Entretanto, aos olhos de Jesus, aquela mulher era exatamente "do mesmo tipo" que todos nós. Nas palavras que, mais tarde, o apóstolo Paulo usaria, ela "carregava um tesouro em vasos de barro" (ver 2Coríntios 4,7). Assim como eu e você! Jesus sabia encontrar tesouros escondidos em recipientes muito frágeis, até mesmo quebrados. E Ele continua sendo assim! O Senhor não disse que a mulher não havia errado, nem deu explicações para seus pecados e sofrimentos. Apenas a aceitou da maneira que ela chegou, como se lhe disse ao coração: "Dá-me teus pecados; dá-me os fardos pesados que só te fizeram chorar." Algumas pessoas pensam que, para chegar ao Senhor, devem aproximar-se com as mãos cheias de vitórias e mostrar-lhe quanto foram boas. Quem nunca mostrou uma nota dez ao pai ou à mãe acreditando que seria o filho mais querido por causa disso? Com Deus não precisamos agir assim! Não precisamos mostrar-lhe nada que o convença de que devemos ser amados; nem devemos ter medo de mostrar-lhe nada que possa impedi-lo de nos amar. O apóstolo João nos convida a afirmar:

> *Nós conhecemos e cremos no amor que Deus tem para conosco.*
> (1João 4,16)

Você crê no amor que Deus tem por você? Quando nos aproximamos do Senhor, o que Ele nos pede é o mesmo que aquela mulher pecadora tinha para lhe oferecer: "Dá-me teus pecados, tuas impossibilidades. Quero a tua fraqueza, para que eu te faça conhecer a força do meu amor por ti."

Nosso arrependimento jamais produzirá outra coisa no coração de Deus senão perdão. Ele sabe que não temos como voltar atrás e desfazer nossas escolhas erradas. Contudo, em Sua misericórdia, Ele mesmo se encarregou do nosso passado (pois, para Ele, mil anos são como o dia que passou...) ao erguer a Cruz de Seu Filho, Jesus Cristo, entre o nosso ontem e o nosso hoje. Quando a avalanche dos erros cometidos tenta nos arrastar para o desânimo, a desesperança, a acusação ou a autopiedade, lembremo-nos de que Jesus viveu e morreu para que experimentássemos o poderoso perdão de Deus. Como o apóstolo Paulo, cada um de nós pode dizer:

> *Eu vivo, mas já não sou eu; é Cristo que vive em mim. A minha vida presente, na carne, eu a vivo na fé no Filho de Deus, que me amou e se entregou por mim.*
> (Gálatas 2,20)

Assim como Jesus disse à pecadora perdoada na casa de Simão, ainda hoje Ele diz a cada pecador que chega aos Seus pés com confiança: "Perdoados estão os teus pecados. Vai em paz, prossegue teu caminho daqui para adiante. Teu passado não é maior do que Meu perdão e não conseguirá me impedir de conduzir os teus passos na Minha paz."

Convido-o a se colocar aos pés do Senhor, do jeito que você está:

Senhor Jesus, como aquela mulher pecadora, hoje venho aos Teus pés. Durante muito tempo me justifiquei pelos meus erros, culpando outros pela minha infelicidade ou dizendo que não poderia ter feito de modo diferente. Tornei-me prisioneiro da autopiedade, acusei pessoas ao meu redor, não percebi quanto precisava de Ti. Outras vezes, quando a lembrança dos meus erros não ia embora de minha mente, torturei-me ao me perguntar como pude fazer e viver tudo aquilo. Não fui capaz de entender e aceitar que, sozinho, sou impotente diante de coisas que não sei como mudar. É desse modo que chego agora a Ti. Senhor, que Tu sejas o meu porto seguro, o ponto de chegada do meu coração que precisa de paz.

Peço perdão por meus pecados e meus erros. Não posso fazer outra coisa senão me arrepender. Sei que farás o resto! Cobre-me com teu perdão, com tua paz, para que eu possa refazer o caminho da vida sem ser vencido pela tristeza. Peço perdão, em meu coração, a todos aqueles que feri ou ofendi, também naquelas horas em que queria apenas me defender. Que o Teu Espírito Santo, Senhor, lave o meu coração, agora, para que eu experimente a água viva da Tua misericórdia renovando minhas forças. Em Teu nome, Jesus, sou liberto de todo sentimento de culpa, de toda decepção comigo mesmo. Igualmente, sou liberto de qualquer imagem falsa que tinha de mim mesmo, fazendo me sentir diferente ou melhor que "aquele tipo de gente", que erra. Sei, Senhor, quanto também preciso de Ti. Colocaste um maravilhoso tesouro dentro de mim, ainda que eu mesmo seja apenas um vaso de barro. Refaz minha vida em total dependência da Tua força. Que Tua paz invada meu coração, para que eu seja capaz de ir adiante, junto contigo, em direção a tudo que o Pai reservou para mim. Amém.

ASSIM É JESUS

Jesus saiu da sinagoga e foi, com Tiago e João, para a casa de Simão e André. A sogra de Simão estava de cama, com febre, e eles logo contaram a Jesus. E Ele se aproximou, segurou sua mão e ajudou-a a levantar-se. Então a febre desapareceu, e ela começou a servi-los. À tarde, depois do pôr do sol, levaram a Jesus todos os doentes e os possuídos pelo demônio. A cidade inteira se reuniu em frente da casa. Jesus curou muitas pessoas de diversas doenças e expulsou muitos demônios.

(Marcos 1,29-34)

Com essas palavras, o evangelista Marcos nos conta como teve início o ministério de Jesus. É como se ele desejasse resumir, em poucas linhas, tudo o que Jesus fez na vida de tantas pessoas que encontrou pelos caminhos da Palestina. A primeira parte do texto nos diz que, ao final de uma manhã de sábado, após o tempo de oração na sinagoga, Jesus foi para a casa de Simão Pedro, onde costumava se hospedar quando estava em Cafarnaum. Assim que chegou, foi-lhe dada a notícia de que a sogra de Simão estava prostrada, por causa de uma intensa febre. Marcos, então, conta-nos o que

Jesus fez. Em uma breve frase, o versículo 31, ele resume todo o Novo Testamento. Tudo o que Jesus fez – tudo o que Jesus FAZ quando entra na vida de alguém – encontra-se resumido aqui: "E Ele se aproximou, segurou sua mão e ajudou-a a levantar-se."

Há dois mil anos, milhares e milhares de pessoas encontram nessa frase não só o resumo do Novo Testamento, mas o resumo da própria vida. Ao entrar na vida de Zaqueu, da Madalena, da Samaritana, no poço de Jacó, Jesus fez por eles a mesma coisa que fez pela sogra de Simão. Hoje, Jesus deseja fazer o mesmo por você: aproximando-se, Ele deseja segurar sua mão e ajudá-lo(a) a levantar-se.

JESUS ESTÁ VENDO VOCÊ

Ao chegar à casa, Jesus imediatamente coloca-se junto ao leito da sogra de Simão. Sabendo que ela não pode erguer-se, Jesus vai ao seu encontro, aproxima-se. A primeira coisa que você precisa saber é o quanto Jesus está perto de você. Existem momentos em que temos a impressão de que Ele se foi. Nosso coração vai se endurecendo de muitas maneiras, tornando-se insensível, e pensamos então que o Senhor nos abandonou, pois já não O vemos nem O sentimos mais. Contudo, mesmo quando não somos capazes de ver Jesus, Ele ainda nos vê! A Bíblia nos conta a história de uma mulher viúva, mãe de um único filho, perdido para a morte. Enquanto essa mulher, mergulhada na dor, levava seu filho à sepultura, cercada de muitas pessoas que desejavam consolá-la, Jesus a acompanhou pela mesma estrada. A mãe enlutada talvez não percebesse sequer as pessoas ao seu redor; certamente ela não notou a proximidade daquele desconhecido que passava pelo mesmo caminho. Existem momentos em que, mesmo cercados de gente, nós nos sentimos sozinhos. A Bíblia, porém, nos diz que:

> *Jesus a viu. E, tendo compaixão para com ela, disse-lhe: "Não chores!"*
>
> (Lucas 7,13)

Jesus a viu! Como hoje Ele vê você, seu íntimo, aquilo que o deixa prostrado. A Escritura nos revela o que havia no coração de Jesus a respeito daquela mãe enlutada: compaixão. Compadecer significa "padecer junto"; nosso Salvador é capaz de entender as dores que nos machucam intimamente, mesmo aquelas que não conseguimos explicar para mais ninguém. Portanto, ainda que eu não O veja, ainda que sinta apenas as aflições que tenho diante de mim, sei que não passo por tudo isso sozinho. Ele se "*com-padece*" de mim, passa por tudo ao meu lado, para que eu seja capaz de suportar e vencer todo abatimento. Ao dizer para aquela mãe que não mais chorasse, Jesus não a estava proibindo de sentir a dor pela perda de seu filho. Na verdade, Ele era o único realmente capaz de compreender o tamanho do seu sofrimento, assim como era o único capaz de verdadeiramente consolá-la. Somente o Senhor poderia enxugar aquelas lágrimas e transformá-las de novo em alegria. A Palavra de Deus nos garante:

> *Do coração atribulado Ele está perto e conforta os de espírito abatido.*
>
> (Salmos 33, 19)

No Evangelho de Marcos, lemos que, durante uma viagem de travessia do mar da Galileia,

> *Surgiu uma grande tormenta e lançava as ondas dentro da barca, de modo que ela já se enchia de água. Jesus achava-se na popa, dormindo sobre um travesseiro. Seus discípulos O acordaram e disseram-Lhe: "Mestre, estamos perecendo e Tu não te importas?" Ele se levantou e ordenou ao vento e ao mar: "Silêncio! Cala-te!" O vento cessou e houve uma grande calmaria.*
>
> (Marcos 4, 37-41)

Em meio a uma grande tempestade, enquanto o vento soprava forte e eles não eram mais capazes de remar, os discípulos de Jesus se voltaram confusos para o Senhor e Lhe perguntaram algo que, talvez, você mesmo já tenha perguntado: "Senhor, estamos naufragando; estou sendo afogado no meio dessa provação! Será que você não se importa com tudo isso?" Eles não haviam entendido ainda que Jesus entrara com eles na tempestade; estava no mesmo barco que eles. Assim como nós também nem sempre percebemos que, no meio das tempestades da vida, Jesus está no nosso barco. Marcos nos conta que, logo que foi chamado pelos discípulos, "Jesus se ergueu e ordenou ao vento e ao mar: 'Silêncio! Cala-te!'" O Senhor Jesus Cristo tem o poder de silenciar e acalmar as tempestades que nos cercam e, também, aquelas que acontecem dentro de nós. Talvez seja exatamente por aí que Ele deseje começar Sua obra de renovação em nossa vida. Quantas pessoas naufragam dentro de si mesmas, na tristeza, nas preocupações exageradas, no medo, no sentimento de rejeição? Jesus, hoje, deseja silenciar essas tempestades da alma e fazer com que você também sinta a serenidade da Sua presença. Talvez o vento esteja soprando contrário nesse momento de sua vida, mas você ainda pode contar com a presença de Jesus ao seu lado. Ele é chamado na Bíblia de "Emanuel", que significa "Deus está conosco!" Ele jamais se afasta e sempre se importa com tudo o que se refere a nós. De tal maneira, a presença de Jesus faz a diferença em nossa vida, que o apóstolo Paulo nos recorda:

> *Agora é o tempo favorável, hoje é o dia da salvação.*
>
> (2Coríntios 6, 2)

Mesmo que o vento sopre contrário, hoje é o tempo favorável. Não porque as circunstâncias sejam exatamente aquilo que desejávamos, mas porque Jesus está conosco, a nosso favor. Hoje é o dia da mudança, o tempo da serenidade e da confiança, não porque as coisas ao redor estejam como gostaríamos, mas porque Jesus está perto e se importa conosco. Enquanto a tempestade vai se acalmando, fixe seu coração em Jesus. Ele está próximo a você e será o seu abrigo durante todo o tempo da prova. Até que a tempestade chegue ao fim, agarre-se firmemente a Jesus, orando com o Salmo:

> *Piedade, Senhor, piedade, pois em Vós se abriga a minha alma! De Vossas asas, à sombra, me achego, até que passe a tormenta, Senhor!*
>
> (Salmos 56, 2)

AGARRE-SE ÀS MÃOS DE JESUS

Jesus não somente nos vê, como nos estende a mão. Ele não assiste à nossa vida como um espectador, Ele se envolve conosco, quer ser nosso ponto de apoio. No texto de Marcos, que lemos no início dessa meditação, vemos que Jesus, depois de aproximar-se da sogra de Simão, "segurou sua mão". Quando uma pessoa não está disposta a ajudar outra, uma posição corporal manifesta esse desinteresse: cruzam-se os braços. Talvez você já tenha visto muitas pessoas de braços cruzados diante de um sofrimento, mas Jesus jamais faz isso. Ele estendeu a mão para tantos e tantos e continua fazendo o mesmo ainda hoje. Quando não temos força ou apoio para nos levantar, é preciso segurar nas mãos de alguém para tomar impulso. Jesus está de mãos estendidas para você agora. Agarre-se às mãos dele e encontre a segurança de que você precisa para se levantar. A prostração da alma, causada pelo desânimo, só pode ser vencida quando damos as mãos a Jesus e fazemos Dele nosso apoio, nossa motivação, nosso "impulso". Foi assim que a sogra de Simão conseguiu levantar-se; e é assim que você conseguirá se levantar também.

A Escritura descreve a história de outra mulher que também contou com a ajuda de Jesus para se reerguer. O evangelista Lucas conta-nos que:

> *Estava Jesus ensinando na sinagoga em um sábado. Havia ali uma mulher que, havia dezoito anos, era possessa de um espírito que a detinha doente: andava curvada e não conseguia absolutamente erguer-se. Ao vê-la, Jesus a chamou e disse-lhe: "Estás livre da tua doença." Impôs-lhe as mãos*

e no mesmo instante ela se endireitou, glorificando a Deus. Mas o chefe da sinagoga, indignado de ver que Jesus curava no sábado, disse ao povo: "São seis os dias em que se deve trabalhar; vinde, pois, nesses dias para vos curar, mas não em dia de sábado." "Hipócritas!" — disse-lhes o Senhor. "Não desamarra cada um de vós no sábado o seu boi ou o seu jumento da manjedoura, para os levar a beber? Esta filha de Abraão, que Satanás paralisava há dezoito anos, não devia ser livre dessa prisão, em dia de sábado?"

(Lucas 13,10-16)

O relato de Lucas nos apresenta a mulher encontrada na sinagoga por Jesus como alguém que "não conseguia absolutamente erguer-se". Existem pessoas, ainda hoje, curvadas debaixo de tantos fardos insuportáveis, que se tornaram incapazes de levantar a cabeça e encarar a vida. Talvez você já tenha conhecido alguém que dava a impressão de estar "carregando o mundo nas costas". Ou então alguém que, depois de tentar muitas vezes, não conseguiu mais erguer-se da depressão, da tristeza, de um vício, do desânimo... Pois assim como Jesus foi ao encontro da mulher encurvada na sinagoga, Ele hoje deseja entrar na vida de cada uma dessas pessoas, e também na sua! O Evangelho nos diz, a respeito daquela mulher, que ela era "detida" doente. Uma pessoa detida é uma pessoa presa. Há muitas formas de prisão: físicas, emocionais, espirituais. Contudo, de todas elas, o Senhor Jesus Cristo possui a chave. Dele fala o livro do Apocalipse:

Ele é o Santo e o Verdadeiro, aquele que tem a chave de Davi — que abre e ninguém pode fechar; que fecha e ninguém pode abrir.

(Apocalipse 3,7)

Jesus libertou a mulher encurvada, em primeiro lugar, de sua prisão emocional. Veja que, enquanto ela ainda estava fisicamente doente, Jesus disse-lhe: "Estás livre da tua doença." Algumas pessoas não só "têm uma doença" como "se veem apenas como doentes". Talvez fosse o caso daquela mulher, e, por isso, era importante que Jesus lhe afirmasse: "Essa doença não é mais uma prisão para você. Apesar da sua situação, você não é mais uma prisioneira!" Quando somos fragilizados por uma enfermidade e tocamos muito de perto nossa impotência e nossos limites, às vezes pensamos que nossas limitações nos incapacitam absolutamente. Quantas pessoas, de idade avançada, entregam-se à depressão porque se lembram de que não são mais capazes de fazer tudo aquilo que um dia já conseguiram realizar? Outras, com limitações físicas ou psíquicas, veem-se como "seres pela metade", incompletos. Jesus, contudo, deseja nos fazer entender que nossos limites não impedem a Deus de nos usar como seus instrumentos nesta terra. Nossas incapacitações não nos desqualificam para ser servos de Deus, contanto que nos coloquemos em Suas mãos, com todas as nossas fraquezas, diariamente.

Depois de falar à mulher, Jesus lhe impôs as mãos. Ele a cobriu com suas mãos para que ela experimentasse no próprio corpo que, debaixo das mãos do Salvador, todas as coisas podem mudar, tudo pode se endireitar. Note que o evangelista descreve o milagre do seguinte modo: "ela se endireitou, glorificando a Deus." Jesus a cobriu com suas mãos e a própria mulher foi capaz de endireitar-se, erguer a cabeça, louvando o Senhor. Duas ações aconteceram simultaneamente: a mulher se endireitou e glorificou a Deus. É maravilhoso poder imaginar que uma coisa tenha levado à outra: ela glorificou a Deus porque foi capaz de se firmar sobre os próprios pés e erguer-se e, ao mesmo tempo, ela foi capaz de olhar para a frente mais uma vez à medida que glorificava a Deus. Assim também o Senhor deseja fazer conosco, hoje. Sob as mãos de Jesus, deixando-nos cobrir por sua proteção e crendo em seu amor, somos capazes de erguer a cabeça e olhar a vida de frente, sem timidez, sem medo. E conforme glorificamos a Deus, mais e mais o nosso olhar se levanta, e contemplamos a grandeza do Senhor, que vai muito além de todas as coisas que nos sobrecarregam.

A cura da mulher encurvada gerou uma grande discussão entre as pessoas que estavam na sinagoga naquela manhã de sábado. Os líderes religiosos daquele tempo consideraram que Jesus havia rompido o sagrado descanso do sábado porque havia realizado uma cura. O povo, por sua vez, ficava cada vez mais entusiasmado ao ver as maravilhas operadas por Jesus. O Senhor, porém, manifestou o real motivo daquela cura: vendo uma mulher sofrer há 18 anos, tendo sua vida paralisada por Satanás, Ele jamais poderia deixar sua cura para outro dia. Quando Jesus vê nosso sofrimento, Ele jamais nos deixa para depois. Assim foi com aquela mulher, e assim é com você, hoje. Jesus não quer deixá-lo para mais tarde; Ele se importa com você, agora. Talvez você não consiga mais se erguer sozinho; pois então, agarre-se às mãos de Jesus. Ele deseja ser seu ponto de partida para um novo tempo, uma nova etapa de sua vida.

ERGUIDOS PARA SERVIR

O evangelista Marcos nos conta que, logo que se sentiu curada da febre, a sogra de Simão "começou a servir". Aquela mulher sabia que tinha uma missão: cuidar da casa de sua família, não permitir que faltasse alguma coisa aos seus. Curada por Jesus, ela continua cumprindo sua missão, realizando seu serviço. É para isso também que Jesus nos cura; para que nos ergamos e continuemos a cumprir a missão que nos foi confiada por Deus. É verdade que muitas vezes temos a impressão de que o propósito que Deus reservou para nós é maior do que nossas forças. A prostração nos vence quando nos esquecemos de que, para fazer o que Deus pede de nós, não contamos apenas com nossas forças limitadas. Contamos, muito mais, com as reservas inesgotáveis de fortaleza e sabedoria de Deus. Não temos "superpoderes" e precisamos entender que Deus conta com nossas limitações. Contudo, Ele próprio é nossa fortaleza e sabe, como ninguém, transformar nossos pequenos gestos de entrega e serviço em poderosos meios de salvação e graça.

Por fim, Marcos nos diz que, ao final do dia, levaram a Jesus todos os doentes e oprimidos pelo Mal. É interessante notar a informação: "a cidade inteira se reuniu em frente da casa." Isso significa que não havia ninguém naquele lugar que não precisasse do toque de Jesus! Todos em Cafarnaum precisavam de um encontro pessoal com o Senhor Jesus Cristo, ou porque estavam enfermos, ou porque estavam oprimidos, ou porque levavam a Ele alguém nessa situação. Ainda hoje é assim: Jesus continua sendo indispensável! Seja por causa de uma enfermidade, seja porque o coração está oprimido, seja porque não sabemos mais como ajudar alguém que amamos, precisamos sempre de Jesus! Mesmo nas horas em que tudo parece correr como gostaríamos, precisamos dele. Sem Jesus, quantas vezes já deixamos escorrer pelos dedos oportunidades maravilhosas? Sem o Senhor, até coisas boas podem acabar nos ferindo ou ferindo aqueles que estão ao nosso redor. É Ele quem nos cura, por fora e por dentro, para que possamos viver nossa missão com alegria, servindo e abençoando as pessoas que Deus nos confiou.

Como entrou na casa de Simão, hoje Jesus pode entrar também aí onde você está. Façamos uma breve oração, agarrando-nos às Suas mãos para nos erguer de toda prostração:

Senhor Jesus, como aquelas pessoas em Cafarnaum, hoje sou eu quem precisa de ti. Há coisas em minha vida que têm me prostrado no desânimo: problemas que se arrastam; pessoas que já não sei mais como ajudar. Minhas forças parecem estar chegando ao fim. Contudo, Jesus, sei que Tu estás perto de mim. Sei que Tua mão está estendida para me apoiar. Por isso, Senhor, hoje decidi me agarrar às Tuas mãos para me colocar de pé. Tu serás a minha motivação para prosseguir, o meu ponto de apoio. Compreendi que não conto apenas com as minhas forças para cumprir a missão que tenho pela frente. Por isso, venço o medo que havia no meu coração através de uma profunda confiança nas Tuas forças inesgotáveis. Obrigado, Senhor, porque mesmo que tudo tenha sido difícil demais até aqui, o resumo da minha vida, de hoje em diante, será também esta frase maravilhosa, que revela o Seu grande amor e poder:

E Jesus, aproximando-se de mim, tomou-me pela mão e ajudou-me a ficar de pé. Amém!

ELE NÃO VEIO NOS CONDENAR

> *Com efeito, de tal modo Deus amou o mundo, que lhe deu seu Filho único, para que todo o que Nele crer não pereça, mas tenha a vida eterna. Pois Deus não enviou o Filho ao mundo para condená-Lo, mas para que o mundo seja salvo por Ele.*
>
> (João 3,16-17)

Que preço você estaria disposto a pagar por um pouco de amor?

Talvez você pense que essa pergunta é absurda. Afinal, um amor de verdade não precisa ser pago! Certo. Contudo, um grande número de pessoas consegue pensar assim, mas vive de maneira bem diferente. Todos nós temos uma profunda necessidade de ser amados e de amar; mas, justamente por causa disso, algumas pessoas vivem constantemente aprisionadas pelo medo de perder aqueles que têm ao seu lado. Mergulham numa espiral sem fim de ansiedade, cobrança, ciúme, porque têm a impressão de que a qualquer momento podem perder aquele pouco de atenção que conseguiram, aquele olhar aprovador que lhes dá tanta alegria. Pensam que precisam provar todo o tempo que têm algum valor, e que são os outros que determinam quanto realmente elas valem. Como não acreditam no bem que carregam dentro de si, precisam que outros o façam. É claro que todos precisamos de certa dose de aprovação e reconhecimento, mas, para alguns, essa se torna a única fonte de segurança e satisfação. O medo de ficar sozinhas, de ter de olhar para dentro de si e acreditar, por si mesmas, no bem que carregam, faz com que algumas pessoas se tornem reféns de migalhas de qualquer coisa que se pareça com amor. Para elas, um grande amor custa caro demais. E o preço deve ser pago por toda a vida. Desde pequenas, aprenderam que um pouco de carinho e reconhecimento vem quando conseguem alcançar um bom desempenho na escola ou quando fazem algo que orgulha seus pais. Aprendem que é preciso esconder fragilidades e fracassos para não se arriscarem a decepcionar aqueles que as amam e, assim, acabar perdendo-os. Com medo de não serem mais notadas, de serem esquecidas, imaginam que, se todo o tempo tirarem nota dez, então terão amor garantido. Estabelecem um padrão, para elas mesmas e para os outros, e é preciso enquadrar-se nele para experimentar segurança ou aprovação.

A vida, contudo, se encarrega de nos fazer experimentar nossas fragilidades, nossas incoerências. Alguns podem pensar, então, que não merecem mais nenhum amor. Talvez o fracasso de um projeto, o término de um casamento, a dificuldade em crescer profissionalmente deem a impressão de que não conseguiram alcançar o padrão, decepcionando aqueles que mais desejavam agradar. Como não conseguiram viver o que idealizaram, o padrão a que se impuseram, desmerecem tudo o que são capazes de viver. Nessa hora, a mente ferida pela decepção contamina todo o olhar sobre a vida e gera pensamentos como "tudo na minha vida está errado", "nada comigo dá certo", ou "o que eu faço não tem valor algum". Quantas vezes nos sabotamos em nossas conversas com nós mesmos, empurrando-nos cada vez mais na direção da culpa, que nada modifica, ou da autopiedade, que gera insegurança!

Contudo, querido irmão, querida irmã, há um jeito diferente de viver. A Palavra de Deus nos garante que o grande amor de nossa vida não é passageiro, não é casual, não se assenta sobre nossa capacidade de corresponder às expectativas. O trecho do Evangelho de João que lemos acima é considerado o resumo de toda a Bíblia. O que Deus mais gostaria que você soubesse está, de algum modo, escrito nestas frases:

Deus o tem amado de tal maneira, que desejou compartilhar com você o que Ele possui de melhor: o próprio Filho. Basta que você creia em Jesus e não perecerá, nem será condenado, mas terá vida e salvação.

ESSA PALAVRA É PARA VOCÊ

Algumas pessoas poderiam pensar que as palavras de João 3,16 são muito bonitas e se referem a todo o mundo, menos a elas mesmas. Mas o objetivo do evangelista era justamente o de que cada pessoa que lesse esse versículo se sentisse parte do que nele está escrito. Deus ama você! Talvez você tenha se acostumado a pensar que o seu maior desafio, como cristão, é aprender a amar as pessoas ao seu redor; às vezes, é verdade, isso se torna algo muito difícil. Contudo, há outro desafio tão grande quanto esse: acreditar que se é amado; acreditar que os olhos do Senhor veem algo em nós que merece amor, quando tantas vezes nós mesmos nada encontramos. Só quando nos erguemos sobre a certeza desse amor, é que conseguimos nos lançar ao encontro das outras pessoas sem medos, cobranças ou inseguranças. Saber-se amado por Deus ajuda a receber o amor que as outras pessoas podem nos dar, sem ansiedade ou ciúme.

Há uma conhecida passagem na Escritura que nos revela a qualidade do amor de Deus por nós. Certamente você a conhece:

> *O amor é paciente, é bondoso; não é invejoso, não é orgulhoso, nem é arrogante; não faz nada de inconveniente. O amor não busca os seus próprios interesses, não se encoleriza, não guarda rancor; não se alegra com a injustiça, mas se rejubila com a verdade. Tudo suporta, tudo crê, tudo espera, tudo desculpa. O amor não acabará nunca.*
>
> (1Coríntios 13,4-8)

Ao escrever esse “hino ao amor”, o apóstolo Paulo não estava sendo levado por pensamentos românticos. Para ele, o amor descrito nessas palavras não era uma fantasia, um desejo distante, mas uma realidade. Nesse pequeno trecho, Paulo nos deu o mais belo retrato do próprio Jesus, do Seu coração. Existe um amor assim! Nós o vimos no Calvário quando Cristo estava lá, dando Sua vida por nós. É desse modo que Deus ama você, querido irmão, querida irmã. Jesus, o Filho Amado de Deus, é o maior presente que poderíamos ter recebido. Nele, o amor de Deus por nós se expressou em toda a sua pureza e perfeição. Não precisamos ter medo de perder esse amor, pois ele “não acabará nunca”.

Cada característica do amor manifestada pelo apóstolo Paulo nos revela um pouco do modo como Jesus Cristo se relaciona conosco, suprindo nossa necessidade de nos sentir amados e curando as feridas da falta de amor. Por exemplo, o apóstolo começa dizendo que o amor é "paciente". Estamos acostumados a "pedir paciência" para lidar com as limitações das pessoas que nos cercam, mas nem sempre nos lembramos de quanto também precisamos que os outros sejam pacientes conosco. Somos impacientes com nós mesmos. Desistimos muito rapidamente de nossos sonhos ao nos deparar com qualquer obstáculo pessoal ("não vou conseguir", "não adianta nem tentar", "não sei, não tenho condições" são expressões da nossa impaciência). Contudo, a Bíblia nos garante que o amor de Deus, que Cristo derrama sobre nós, é repleto de paciência. É maravilhoso saber que o Senhor sabe conviver com nossos limites, com nossa lentidão em aprender, e ainda assim não desiste de nós. Creio que um bonito exemplo de paciência nos é dado pelas famílias que precisam aprender a cuidar de um de seus membros que envelheceu e sofre as limitações próprias da idade. Quando uma pessoa que amamos, e que nos acostumamos a ver sempre bem, começa a atrasar o passo por conta de dificuldades que não vão regredir, demoramos a perceber seus novos limites. Naturalmente, exigimos que ela se esforce para voltar a ser o que era; talvez, mesmo estendendo a mão em sinal de carinho, vamos tentar arrastá-la no nosso ritmo. No entanto, isso certamente não vai ajudar muito. Chega o momento em que descobrimos que, se desejamos que essa pessoa permaneça ao nosso lado, não será ela quem deverá se adaptar ao nosso passo, mas nós é que deveremos aprender a andar mais devagar para não deixá-la para trás. Isso é paciência! É assim que o Senhor nos trata: Ele não abre mão de nós; sua bondade faz com que Ele se adapte ao nosso passo, contanto que estejamos dispostos a nos deixar guiar por sua mão. Ele acredita no caminho que estamos fazendo e valoriza cada pequeno passo que conseguimos dar em Sua direção. O Salmo 144 nos revela como é o nosso Deus:

> *Misericórdia e piedade é o Senhor, ele é amor, é paciência, é compaixão. O Senhor é muito bom para com todos, sua ternura abraça toda criatura.*
>
> (Salmos 144,8-9)

Assim é o nosso Deus: amor, paciência, compaixão. É como se o salmista quisesse nos explicar que o amor de Deus jamais se retrai, jamais se cansa; ao contrário, ele se alarga a cada instante, mesmo diante de nossas fraquezas, e se torna paciência e compaixão. A ternura de Deus abraça toda criatura, também você! Não se coloque fora dos braços de Deus, duvidando do amor Dele. Ele não nos ama porque conseguimos provar que merecemos ser amados, tirando nota dez, mas porque essa é a natureza Dele. Ainda que não tenhamos conseguido nos tornar tudo aquilo o que idealizamos, Ele sempre nos amará. Veja, seu Pai do Céu não ama aquele que você deveria ser, mas aquele que você é. É sobre você que Ele se debruça para acolher e ajudar; porque o amor tudo suporta. É a partir da consciência de que somos amados que nos erguemos para também amar.

ELE NÃO VEIO CONDENAR

Falando ainda do tipo de amor que Deus tem por nós, o apóstolo Paulo nos diz que ele "não guarda rancor". João, no texto com o qual iniciamos esta meditação, diz que Jesus não veio para condenar, mas para salvar. Sabemos, por experiência própria, que o rancor guardado nos transforma em "advogados de acusação" daqueles que nos feriram. Intimamente, julgamos e condenamos aqueles que despertaram nosso coração rancoroso. Mas o Senhor não guarda mágoas a nosso respeito e, por isso, está sempre disposto a nos acolher e perdoar. Jesus não veio para condenar você! Para isso, Ele não precisaria ter vindo. Talvez haja uma fila de pessoas prontas a condenar tudo o que já deu errado em sua vida. Talvez seu grande condenador seja você mesmo... Jesus não precisaria ter vindo a nós para ser apenas mais um a nos lembrar de que não conseguimos, de que não fomos capazes. Ao contrário, Ele veio fazer aquilo que ninguém poderia fazer em seu lugar: Ele veio nos salvar. Quantas vezes temos a impressão de que podemos ajudar tanto os outros, mas nada sabemos fazer para ajudar a nós mesmos? Jesus sabe como nos ajudar; Ele é capaz de reencontrar aquilo que se perdeu dentro de nós. Ele mesmo nos disse, um dia:

> *Não são os que estão bem que precisam de médico, mas sim os doentes. Ide e aprendei o que significam essas palavras: Eu quero misericórdia e não sacrifício. Eu não vim para chamar os justos, mas os pecadores.*
>
> (Mateus 9,12-13)

Nossas imperfeições e nossos erros não impedem Jesus de nos amar. Seu olhar para nós é como o olhar de um médico: encontrando algo de errado, uma ferida na alma, Ele deseja nossa cura. Ele é a nossa cura. A tarefa do médico não é culpar o doente por sua enfermidade, nem permitir que a doença se espalhe até levá-lo à morte. Cabe ao médico diagnosticar a enfermidade e ajudar o enfermo a proceder à cura. Meu irmão, minha irmã, para o Médico Divino, Jesus Cristo, toda enfermidade tem cura! Ele nos revela, suavemente, quanto precisamos do Seu amor, e então nos trata de tal maneira que reconheçamos que, junto dele, temos vida e paz. A Palavra de Deus nos diz que:

> *De agora em diante, pois, já não há nenhuma condenação para aqueles que estão em Jesus Cristo.*
>
> (Romanos 8,1)

Se havia uma sentença humana de condenação sobre sua cabeça, que atormentava sua mente com pensamentos de desesperança e desânimo, saiba que há uma sentença divina de absolvição e libertação para cada um de nós. Se você está "em Jesus Cristo", se o refúgio para o qual você retorna todos os dias é o Senhor, então você tem a oportunidade de começar uma vida nova. Ele retira você debaixo dos escombros do que desmoronou e o ergue até uma esperança eterna, inabalável. O Salmo 104 nos diz que:

> *Ele é o Senhor, nosso Deus; suas sentenças comandam a terra inteira.*
>
> (Salmos 104, 7)

O que tem comandado sua vida, ultimamente? Más notícias, palavras de desânimo, prognósticos pessimistas? Pois as sentenças do Senhor devem comandar nossos pensamentos e nossas atitudes! Deus tem para você, hoje, uma sentença de vida e de salvação.

ELE NÃO PERMITE QUE VOCÊ PEREÇA

O evangelista João nos ensina que aquele que crê em Jesus não perece, mas tem vida eterna. Gostaria de chamar sua atenção especialmente para a palavra "perecer". Em nossa língua, um dos significados dessa palavra é "estragar". Um alimento perecível é um alimento que, se não for conservado em condições adequadas, rapidamente se estragará e desenvolverá bactérias nocivas ao nosso organismo. Portanto, poderíamos explicar a afirmação de João da seguinte maneira: aquele que crê em Jesus não se estraga por dentro, não azeda, mas possui vida plena, abundante. Quando cremos em Jesus, aprendemos a não guardar em nosso coração pensamentos e sentimentos que, se crescerem dentro de nós, nos tornarão amargos para com os outros. Ao contrário, alimentamos nosso interior com aquilo que vem do Senhor e nos dá vitalidade interior. Um dia, o próprio Jesus comparou Seu relacionamento conosco com a seiva que dá vitalidade à árvore:

> *Eu sou a videira; vós, os ramos. Quem permanecer em mim e eu nele, esse dá muito fruto; porque sem mim NADA podeis fazer.*
>
> (João 15,5)

Nossa conexão com Jesus é o que temos de mais importante. Ele é a fonte da vida; sem Ele, nada podemos. Tentamos fazer; fazemos o melhor que sabemos, mas não é o bastante. Permanecer em Jesus, não permitir que nada arranque nossas raízes Dele, é o primeiro passo para a estabilidade e o equilíbrio de que tanto precisamos diante dos desafios da vida. Permanecer, e não se agitar, essa é a chave.

O reconhecimento de que, sem o Senhor, nada podemos fazer, nos ensina a depender Dele. Na mesma medida em que descobrimos que, sem Jesus, nossos melhores esforços não são o bastante, também descobrimos que Sua força se revela na nossa fraqueza (ver 2Coríntios 12, 9); e podemos, então, exclamar com o Apóstolo:

> *Tudo posso naquele que me fortalece.*
>
> (Filipenses 4, 13)

Aquele que permanece em Jesus, ou seja, aquele que faz de Jesus o reservatório de suas forças, avança sempre entre essas duas margens: Sem Ele, nada posso; mas, com Jesus, tudo posso! As fronteiras do impossível vão sendo vencidas na proporção de nossa entrega ao Senhor e de nossa dependência Dele.

BASTA CRER

Contudo, como posso corresponder a Deus para experimentar seu profundo amor e a vitalidade de Cristo agindo em meu interior? O apóstolo João nos ensina: "aquele que crê em Jesus não perece, mas tem a vida eterna." Sua fé, sua confiança no amor incondicional e infalível de Cristo é capaz de gerar novidades de Deus em sua vida. A Escritura nos diz que:

> *"Esta é a vitória que vence o mundo: a nossa fé!"*
>
> (1João 5,4)

O que faz homens e mulheres vitoriosos e livres pelo poder de Deus é a fé. Ao contrário do que muitas pessoas pensam, fé não tem a ver com passividade, mas é algo que nos leva a um profundo empenho de nós mesmos, a um lançar--se corajoso nas mãos de Deus. Quando não podemos fazer mais nada, ainda podemos crer. E isso é o bastante para o recomeço de tudo.

A Escritura nos conta que, um dia, um pai aflito prostrou-se aos pés de Jesus pedindo a cura de sua filha. A menina, com cerca de 12 anos, estava às portas da morte. Jairo, seu pai, era chefe da sinagoga da cidade. Ele suplicou que Jesus fosse a sua casa para trazê-la de volta à vida e o Senhor concordou. No meio do caminho, porém, Jesus foi detido por uma mulher enferma e, antes de chegar ao lugar onde a menina se encontrava,

> *Veio alguém e disse ao chefe da sinagoga: "Tua filha acaba de morrer; não incomodes mais o Mestre." Mas Jesus o ouviu e disse a Jairo: "Não temas; crê somente e ela será salva." Quando Jesus chegou à casa, não deixou ninguém entrar com ele, senão Pedro, Tiago e João com o pai e a mãe da menina. [...]Segurando Ele a mão dela, disse em alta voz: "Menina, levanta-te!" Voltou-lhe a vida e ela levantou-se imediatamente.*
>
> (Lucas 8,40-56)

Quando começamos uma vida com Jesus, sempre começamos rendidos aos Seus pés. Ali depositamos, como Jairo, nossos impossíveis, nossos sonhos, nossos sofrimentos. Cremos que Ele é capaz de entrar em nossa vida, em nossa casa e trazer de volta aquilo que estava morrendo. A confiança em Jesus é tudo o que temos quando não sabemos mais encontrar forças em nós mesmos. Por causa dessa confiança, caminhamos com o Senhor, envolvemo-nos com Ele. No meio do caminho, porém, chegam notícias ruins; ouvimos sentenças de condenação; temos a impressão de que é tarde demais. Diante de tudo isso, a resposta de Jesus para nós é a mesma que Ele deu a Jairo: "Não temas; crê somente e serás salvo." Diante de todas as dificuldades do caminho, mantenha a fé. Quando nada mais puder, somente creia. Manter a fé nos faz avançar um pouco mais com Jesus. E, ao final do caminho, veremos que valeu a pena.

Vamos orar, acolhendo o imenso amor de Deus que nos foi manifestado por meio de Jesus:

Deus, meu Pai, agradeço porque sei que, de agora em diante, não estou debaixo de nenhuma sentença de condenação. Acredito no Teu amor por mim. Sei que, quando olhas para mim, não vês um amontoado de defeitos e problemas, mas um filho que precisa muito de Ti. Obrigado, meu Pai, porque tens tanta paciência comigo; jamais vais desistir de mim. Obrigado, também, porque Teu amor me liberta de tantas inseguranças e rejeições que guardava dentro de mim e que me faziam perecer. Aceito a nova vida que me dás através de Teu Filho Jesus. Sei que tenho um lugar em Teus planos e acredito no imenso potencial que o Senhor plantou em minha alma. Junto com Jesus Cristo, meu Salvador, vou trazer à tona tudo aquilo que de melhor o Senhor me deu. Obrigado, meu Deus, porque Jesus não veio para me condenar, mas para salvar. De hoje em diante, abro mão de dizer palavras que são verdadeiras sentenças de condenação, para mim e para os outros. Peço que o Senhor coloque em meus lábios palavras que expressem fé e criem um ambiente de encorajamento ao meu redor. Por causa da fé em Jesus, sei que não vou perecer, não vou ser azedado pelas provas da vida. Hoje, reconheço minha incapacidade de prosseguir sozinho e, ao mesmo tempo, minha total capacitação em Cristo para as boas obras que o Senhor deseja de mim. Sei que, sem Jesus, tudo o que eu possa fazer não é o bastante. Contudo, igualmente, declaro que Ele é minha esperança: tudo posso Naquele que me fortalece. Amém.

Um exercício de cuidado consigo mesmo

Dissemos há pouco que, às vezes, nossas conversas com nós mesmos acabam por nos sabotar justamente quando mais precisávamos de apoio e reconhecimento do nosso potencial. Quantos de nós já não se colocaram para baixo, remoendo acusações e palavras autodepreciativas em nossas mentes? Durante os próximos dias, vigie seus pensamentos e suas conversas interiores. Procure preencher sua mente com raciocínios que ajudem você a experimentar a consolação de Deus. Quando alimentamos nossa mente com a Palavra de Deus, certamente somos saudáveis em nossos pensamentos. A Palavra do Senhor tem o poder de renovar nossas ideias e não permitir que nos encarquilhemos em prisões interiores. Um bom exemplo de alguém que se ajudava com palavras "bem ditas" para si mesmo é o autor do Salmo 41. Ele confessa estar sendo alimentado com as próprias lágrimas, ferido com a lembrança de dias felizes que ficaram para trás, pressionado pelas pessoas que veem sua dor e questionam onde estará o seu Deus. Ainda assim, ele ergue o coração a Deus e grita dentro de si mesmo:

Por que te deprimes, ó minha alma, e te inquietas dentro de mim? Espera em Deus, porque ainda hei de louvá-lo: Ele é minha salvação e meu Deus.

(SALMOS 41,6)

Hoje, fale ao seu coração e convide-o a confiar no Senhor. Não espere que as palavras de outras pessoas tenham efeito positivo sobre você se suas palavras são armas mortais em seu coração. Faça de suas palavras um eco da Palavra transformadora e curativa de Deus.

COMEÇAR E RECOMEÇAR

Caminhando ao longo do mar da Galileia, Jesus viu dois irmãos: Simão (chamado Pedro) e André, seu irmão, que lançavam a rede ao mar, pois eram pescadores. E disse-lhes: "Vinde após mim e eu farei de vós pescadores de homens." Na mesma hora, abandonaram suas redes e o seguiram.

(Mateus 4,18-20)

Esse pequeno trecho do Evangelho de Mateus conta do primeiro dia da vida de Pedro e André juntos a Jesus. Nesse dia, Jesus entrou na vida deles para ficar, mudando seus planos e todo o caminho que percorreriam a partir de então. Certamente Pedro e André jamais se esqueceram das primeiras palavras que ouviram dos lábios do Mestre. Mais ainda: essas palavras devem ter se tornado para eles a lembrança mais querida, o motivo que os fazia prosseguir mesmo quando tudo se tornava muito difícil. Quantas vezes eles devem ter precisado recomeçar seu caminho com Jesus depois de uma queda, uma decepção, um fracasso! A cada vez, certamente, eles ouviam em seus corações as mesmas palavras do Senhor: "Vinde após mim... e Eu farei de vós pescadores de homens."

COMEÇAR

As primeiras palavras de Jesus aos seus discípulos são o segredo de um bom começo para tudo em que possamos nos envolver. Algumas pessoas, depois de um momento de grande perda, dizem que é preciso saber "começar do zero". Contudo, sabemos que é aos pés do Senhor que podemos começar os melhores tempos e encontrar as melhores oportunidades de nossa vida. Quando começamos algo ao lado de Jesus, ouvindo-o, dando a Ele um lugar especial em nossos sonhos e projetos, podemos ter certeza de que tudo transcorrerá de maneira ordenada, conduzida pela Sua mão. Isso não significa que não passaremos por desafios; haverá, talvez, momentos em que teremos a impressão de ter perdido o controle das coisas. Ainda assim, sabemos que

> *Todas as coisas concorrem para o bem daqueles que amam a Deus, daqueles que são os eleitos, segundo os Seus desígnios.*
> (Romanos 8,28)

Quando o Senhor coloca em nosso coração o desejo de percorrer a estrada de nossa vida junto a Ele, quando percebemos que Ele colocou em nossas mãos uma missão, isso não significa absolutamente que tudo será fácil, previsível. Significa que seremos capazes, confiando totalmente em seu chamado, de superar todas as dificuldades no meio do caminho. O apóstolo Paulo, na carta aos Romanos, não diz que todas as coisas são boas na vida daqueles que amam a

Deus, mas sim que "todas as coisas concorrem para o bem", mesmo aquelas que consideramos ruins. Quando iniciamos nosso andar com Cristo, somos convidados pelo Espírito Santo a acreditar que o Senhor tem desígnios, propósitos para nós. O próprio Jesus, falando um dia a seus discípulos, garantiu-lhes:

> *Não fostes vós que me escolhestes, mas EU VOS ESCOLHI e vos constituí para que vades e produzais fruto, e o vosso fruto permaneça.*
>
> (João 15,16)

Assim como aqueles primeiros homens da Galileia, também você e eu fomos escolhidos, eleitos por Jesus. Nossas escolhas são falhas; às vezes nos equivocamos. Jesus, porém, nunca faz escolhas erradas, nunca se engana. Ele escolheu você e o constituiu, o capacitou para que sua vida seja fértil, dê muitos frutos. Mesmo que hoje as coisas pareçam diferentes do que você havia planejado, renove sua confiança no Senhor. Também o dia de hoje, com suas batalhas, vai concorrer para o bem que o Senhor está edificando para você lá adiante. Nossa parte é confiar e dar a Jesus o lugar que Ele merece em nossa vida: o primeiro lugar!

E então, voltemos às palavras de Jesus a Pedro e André às margens do mar da Galileia. Naquele dia de começo de uma nova vida, a primeira palavra de Jesus àqueles homens foi uma palavra de encorajamento e de direção. Hoje, creio que Jesus gostaria de dizer a você a mesma coisa: "Vinde!" A ordem do Senhor é prosseguir sem desanimar. Jesus convida você e lhe mostrará o caminho certo. Quando Ele diz "Vinde", significa que não nos quer acomodados, com a vida "estacionada".

Ele vai adiante, abrindo portas, mostrando por onde podemos avançar. Contudo, veja que o convite do Senhor possui mais um elemento importante: "Vinde após mim."

Nossa ansiedade, muitas vezes, nos faz viver aos atropelos. Ir após Jesus significa aprender a ouvir sua voz, depender de seu direcionamento, seguir seus passos... Infelizmente, nem sempre nos posicionamos após o Salvador. Ao contrário, parece que gostaríamos de dizer a Ele: "Muito bem, Senhor! Sei o que quero e sei o que estou fazendo. Agora, ninguém me segura! Por favor, Jesus, venha após mim e, se alguma coisa não sair do jeitinho que eu imaginava, conserte, por favor." Talvez você reconheça um pouco de você mesmo nessas palavras, não é? Mas o segredo de nossa paz e de uma profunda alegria é que estejamos, a cada instante, ali onde o Senhor deseja nos encontrar. E isso só é possível quando aprendemos a ouvi-lo em oração, buscando sua direção para o nosso dia a dia. Julgamentos, palavras e atitudes precipitadas nos impedem de ouvir a voz de Deus e reconhecer aquilo que Ele deseja de nós. É preciso saber dar tempo ao Senhor para que Ele complete a obra que começou; moderar expectativas exageradas e reconhecer o trabalho constante de Deus, que vai seguindo seu curso de maneira serena, sem que precisemos "forçar a barra". Por meio do profeta Isaías, o Senhor nos disse:

> *É na conversão e na calma que está a vossa salvação; é no repouso e na confiança que reside a vossa força.*
>
> (Isaías 30,15)

Note que essas duas palavras — conversão e calma — complementam uma à outra. Isso significa que é preciso que haja uma mudança de postura espiritual (conversão) para que vivamos um estado de calma e descanso em nossa mente e mesmo em nosso corpo. À medida que cresce nossa confiança em Deus, e somos capazes de reconhecer que é Ele quem nos sustenta dia a dia, cresce também nossa serenidade diante das provações e nossa capacidade de manter o equilíbrio quando o clima ao nosso redor é de agitação inútil. Aprender a entrar no compasso do coração de Deus ajuda-nos a perceber quando nossa correria é ineficaz. Buscá-lo e ouvi-lo, na oração, ensina-nos a agir de maneira prudente e ordenada. Se prosseguirmos o caminho de nossa vida após Jesus, "perseguindo" os passos do Senhor, iremos apenas aonde Ele mesmo nos levar e seremos livres de tantas confusões e tantos cansaços inúteis. O Salmo 24 nos ajuda a orar nesse sentido:

> *Mostrai-me, ó Senhor, vossos caminhos, e fazei-me conhecer a vossa estrada! Vossa verdade me oriente e me conduza, porque sois o Deus da minha salvação; em Vós espero, ó Senhor, todos os dias!* [...]*Tenho os olhos sempre fitos no Senhor, pois Ele tira os meus pés das armadilhas."*
>
> (Salmos 24,4-5.15)

Você tem esperado no Senhor a cada dia? Tem buscado direção junto dele, antes de tomar decisões ou lançar-se numa correria sem fim? O salmo nos ensina que, quando os olhos de nossa alma estão fixados no Senhor, Ele nos livra das ciladas que são colocadas diante de nossos pés todos os dias. Nossa comunhão com Deus é a mais perfeita fonte de segurança que possuímos; nossa intimidade com Ele nos livra das armadilhas que podem nos enlaçar em prolongados tempos de aflição. O segredo é, sempre, ir após o Senhor.

A outra palavra de Jesus a Pedro e André significa que toda pessoa que se propõe a seguir o Cristo deve acreditar que Ele mesmo está trabalhando em nós. Disse o Salvador: "Eu farei de vós pescadores de homens."

Jesus sabia que aqueles dois irmãos eram pescadores e filhos de pescadores. Entretanto, sabia também que, para sua próxima missão, bastante mais exigente, eles seriam absolutamente incapazes de se qualificar por conta própria. Jesus não lhes disse: "Quando vocês se tornarem pescadores de homens, então voltarei e levarei vocês comigo." Ao contrário! O Senhor lhes disse: "Se vocês desejam ser tudo o que Deus sonhou para vocês, deixem agora o seu jeito de pescar e venham comigo. Eu vou fazer de vocês a minha grande obra; vou ensiná-los a ser como eu. Eu vou fazer de vocês tudo o que vocês precisam ser e que, sozinhos, jamais conseguiriam." Ainda hoje é assim que Jesus faz! Ele sabe que, sozinhos, não conseguimos dar conta de ser tudo o que precisamos. Então, Ele nos toma em suas mãos e vai nos moldando, nos ensinando. Querido irmão, querida irmã, Jesus ainda pode fazer de você o pai ou a mãe que seus filhos precisam que você seja. Ele pode tornar você o marido ou a esposa que seu cônjuge precisa ter ao seu lado. A obra mais bonita que Deus está fazendo em sua vida é você mesmo(a), uma pessoa completa, íntegra, capaz de ser bênção para muitos outros. Já no Antigo Testamento, um dia o Senhor fez uma linda revelação ao profeta Jeremias:

> *A palavra do Senhor veio a Jeremias, dizendo: "Levanta-te e desce à casa do oleiro, e lá te farei ouvir as Minhas palavras." E desci à casa do oleiro, e eis que ele estava fazendo a sua obra sobre as rodas. Como o vaso que ele fazia de barro*

se quebrou na mão do oleiro, tornou a fazer dele outro vaso, conforme o que pareceu bem aos seus olhos fazer. Então, veio a mim a palavra do Senhor, dizendo: "Não poderei Eu fazer de vós como fez este oleiro, ó casa de Israel?" — diz o Senhor –, "Eis que, como o barro na mão do oleiro, assim sois vós na Minha mão, ó casa de Israel."

(Jeremias 18,1-6)

Quando o profeta chegou à oficina do oleiro, encontrou-o envolvido com sua obra. Assim também, já agora, o Senhor está envolvido com você todo o tempo, moldando sua vida. Jeremias percebeu que era comum que os vasos de cerâmica se rompessem enquanto estavam sendo moldados. Contudo, percebeu também que o oleiro voltava a amassar o barro e refazia seu trabalho até que tudo se tornasse como parecia bem aos seus olhos. O Senhor lhe revelou, então, que dessa mesma forma acontece conosco. Somos como o barro nas mãos do oleiro, somos obra Sua! Quantas vezes o Senhor nos tem refeito, depois de sermos quebrados pelas circunstâncias da vida! E a cada vez que nos refaz, o Senhor nos torna mais parecidos com aquilo que, um dia, Ele mesmo desejou realizar. Cada vez que nos quebramos, nas mãos do oleiro, somos de novo matéria-prima para seus planos mais perfeitos. A argila não conduz as mãos do artista à medida que vai sendo moldada, apenas se abandona ao trabalho do seu idealizador. Quanto mais dócil o barro é nas mãos do oleiro, quanto menos resistente e endurecido, mais e melhor pode trabalhar o autor em sua obra.

Quando não compreendemos que a coisa mais importante em nossa vida é o que Deus está fazendo em nós, quando pensamos que o mais importante é o que nós mesmos conseguimos fazer, então classificamos tudo o que vivenciamos com um destes dois rótulos: "sucesso" ou "fracasso". Quando as coisas acontecem do jeito que imaginávamos, correspondendo às nossas expectativas, então comemoramos um grande sucesso. Ao contrário, quando a vida nos surpreende com situações que não planejamos enfrentar, então nos deixamos abater diante de um aparente fracasso. E algumas pessoas acabam pensando que suas vidas não passam de uma montanha de fracassos! Contudo, se nossos olhos estão voltados para aquilo que Deus está realizando em nós, percebemos que Ele trabalha tanto no sucesso quanto no fracasso. O Pai Celestial é capaz de tomar tudo em suas mãos para forjar em nós um caráter maduro, para nos levar aonde Ele quer que cheguemos. As circunstâncias que vivemos não mudam o Senhor; Ele é soberano sobre todas elas e pode usá-las, todas, para nos dirigir a uma vida de mais profunda comunhão com Ele, capacitando-nos a ser seus instrumentos. Somos desafiados, diariamente, a não nos deter em um julgamento precipitado sobre os fatos, qualificando-os de fracasso quando, na verdade, o Senhor está trabalhando todo o tempo em nosso aperfeiçoamento, completando a obra que começou em nós.

RECOMEÇAR

A partir daquele dia, às margens do mar da Galileia, Pedro e André tornaram-se discípulos de Jesus. Durante três anos, o Mestre foi para eles o Caminho por onde andaram; por onde quer que Jesus fosse, esse passou a ser também o itinerário deles. O Salvador foi moldando cada um, ensinando-os a orar, a olhar para as pessoas de um jeito novo e a desejar o reinado de Deus. Contudo, Jesus respeitava profundamente o modo de ser de cada um de Seus discípulos; sabia que eles, tão diferentes uns dos outros, se completariam na sua missão. Pedro, de modo especial, mostrava-se apaixonado e impulsivo. Foi ele quem, um dia, falando em nome dos demais, prometeu a Jesus:

> *Mesmo que seja necessário morrer contigo, jamais te negarei! E todos os outros discípulos diziam-lhe o mesmo.*
>
> (Mateus 26,35)

Sabemos que não foi assim. Na hora mais sofrida da vida de Jesus, Pedro não estava ao Seu lado. E pior, negou mesmo conhecê-lo. O grande "fracasso" de Pedro tornou-se também uma grande amargura. Afinal, os discípulos tinham feito planos; eles haviam deixado suas casas, seus projetos, porque Jesus havia prometido que o Reino de Deus chegaria. De repente, tudo estava terminado. Deve ter sido difícil acreditar quando, na manhã do domingo, as mulheres que tinham ido ao túmulo de Jesus voltaram dizendo que Ele estava vivo e viria ao encontro de seus amigos mais uma vez. Todavia, assim aconteceu.

O reencontro de Jesus com seus discípulos após a ressurreição foi, certamente, um tempo para curar profundas feridas e refazer projetos. Ao retornar para eles, é como se Jesus lhes dissesse: "Eu ainda conto com vocês! Vocês ainda têm um lugar em tudo aquilo que o Pai planejou para Mim." Jesus poderia ter buscado outros homens que se mostrassem mais capazes do que aqueles para levar adiante seus planos. Ele poderia demonstrar decepção pela fragilidade daqueles que, um dia, disseram-Lhe que morreriam por sua causa.

Entretanto, não foi assim. Jesus deu a cada um a oportunidade de recomeçar e retomar seu lugar nos planos de Deus. De modo especial, o Senhor foi ao encontro de Simão Pedro, com o qual contava tanto, para lhe dizer que sua missão continuava de pé.

Às margens do mesmo lago onde se encontraram pela primeira vez, Jesus ressuscitado teve um momento especial com Pedro. Assim nos conta o Evangelho de João:

> *Tendo eles comido, Jesus perguntou a Simão Pedro: "Simão, filho de João, amas-me mais do que estes?" Respondeu ele: "Sim, Senhor, tu sabes que te amo." Disse-lhe Jesus: "Apascenta os meus cordeiros." Perguntou-lhe outra vez: "Simão, filho de João, amas-me?" Respondeu-lhe: "Sim, Senhor, tu sabes que te amo." Disse-lhe Jesus: "Apascenta os meus cordeiros." Perguntou-lhe pela terceira vez: "Simão, filho de João, amas-me?" Pedro entristeceu-se porque lhe perguntou pela terceira vez: "Amas-me?", e respondeu-lhe: "Senhor, sabes tudo, tu sabes que te amo." Disse-lhe Jesus: "Apascenta as minhas ovelhas."*
>
> (João 21,15-17)

Por três vezes Pedro teve a chance de expressar seu amor. Ele havia manifestado por três vezes sua fragilidade, sua infidelidade, negando conhecer Jesus. Agora, é como se o Senhor quisesse lhe mostrar que suas limitações não eram grandes o bastante para impedir que Deus continuasse contando com ele. Pedro precisou aprender a difícil lição que faz desmoronar nossa autossuficiência: o chamado de Deus para nós não se baseia em nossa capacidade de realizar tudo por nossa própria conta, mas sobre nossa incondicional confiança nele, que nos leva a recomeçar quantas vezes for preciso.

Tendo ele manifestado humildemente seu amor, Jesus confirmou a missão que havia dado um dia a Pedro: "Apascenta as minhas ovelhas." Quando o Senhor vê que nosso amor por Ele é profundo e sincero, Ele nos confia o que possui de mais precioso: suas ovelhas, seus cordeiros. Jesus compartilha com os que O amam aquele fogo que arde em Seu coração: o desejo de salvar e de dar vida às ovelhas. Ele veio por isso; deu Sua vida na cruz por isso:

> *Eu sou o bom pastor. O bom pastor dá a vida por suas ovelhas.*
>
> (João 10, 11)

Querido irmão, querida irmã, talvez você reconheça no discípulo Pedro um pouco de sua própria história. Um dia, talvez, o Senhor tenha lhe confiado uma missão, um propósito, e seu coração abrigava o desejo de ser fiel, de corresponder da melhor maneira ao que era preciso fazer. Contudo, experimentamos muitas vezes o fracasso de nossas melhores intenções; não conseguimos sustentá-las na hora da provação e falhamos. Se foi assim, acredite que também para você o Senhor dá a chance de recomeçar. Ainda há um lugar para você nos planos de Deus; Ele ainda conta com você para fazer o bem a muita gente. Como aconteceu com Pedro, assim pode ser com você. O Senhor sabe de sua fragilidade, mas, ainda assim, Ele investe em você para uma missão que precisa ser cumprida. Suas limitações não são grandes o bastante para impedir Deus de contar com você em seus projetos. Sua parte não é "dar conta de tudo todo o tempo". Sua parte é acreditar na obra que o Senhor está fazendo em sua vida; amá-Lo profunda e sinceramente para que Ele compartilhe com você o Seu coração de bom pastor, para que Sua presença seja luz e bênção na vida de todos que estiverem ao Seu lado.

LANCE AS REDES, MAIS UMA VEZ!

Recomeçar não significa fazer as mesmas coisas de antes, do mesmo jeito. Simão Pedro e os outros discípulos foram ensinados pelo Senhor a acreditar que, somente tendo Jesus por perto, nossas atitudes recebem um novo influxo de entusiasmo e eficácia. Ainda no início de sua vida com o Salvador, os discípulos foram surpreendidos pela perfeição do seu direcionamento:

> *Jesus estava na margem do lago de Genesaré, e a multidão apertava-se ao Seu redor para ouvir a Palavra de Deus. Jesus viu duas barcas paradas na margem do lago. Os pescadores haviam desembarcado e lavavam as redes. Subindo numa das barcas, que era de Simão, pediu que se afastasse um pouco da margem. Depois sentou-se e, da barca, ensinava as multidões. Quando acabou de falar, disse a Simão: "Avançai para águas mais profundas, e lançai as vossas redes para a pesca." Simão respondeu: "Mestre, nós trabalhamos a noite inteira e nada pescamos. Mas, em atenção a Tua palavra, vou lançar as redes." Assim fizeram, e apanharam tamanha quantidade de peixes que as redes se rompiam.*
>
> (Lucas 5, 1-6)

Simão Pedro era um pescador experiente na região de Cafarnaum. Como já havia feito tantas vezes, entregou-se à pesca com seus companheiros no início de uma noite que parecia promissora, na expectativa de encher as redes de bons peixes para vender no mercado no dia seguinte. Com muito entusiasmo, lançou as redes a primeira vez, fazendo silencio para puxá-las no momento certo. Nada conseguiu, mas era ainda a primeira vez! Tentou de novo, e de novo, mas de cada vez a decepção aumentava. A noite avançava e todo trabalho parecia inútil. Simão já lançava as redes de qualquer jeito, sem muito ânimo; não tinha forças para lançá-las muito longe, e tudo parecida ter sido em vão ao final de uma noite insone e de redes vazias.

Ao amanhecer, enquanto consertava as redes puídas, Simão ouvia as palavras de Jesus à beira do lago. O Senhor, então, pulou para a barca de Pedro e, dali, ensinava ao povo. Muito cansado, parece que, ainda assim, um pouco de esperança ia entrando no coração de Pedro. Terminada a pregação, Jesus convidou Simão e seus amigos a avançarem para águas mais fundas. Era uma ordem para recomeçar a pescaria! Pedro pondera com Jesus que havia trabalhado a noite inteira, sem nada conseguir pescar. É o desabafo de um homem cansado, que havia feito o seu melhor, sem nada conseguir. Então, o pescador diz as palavras que vão encher suas redes, para sempre: "Trabalhei muito, Senhor, e nada consegui. MAS, por causa da Tua palavra, vou lançar as redes novamente."

Amado irmão, amada irmã, como naquela manhã às margens do mar da Galileia, Jesus Cristo está hoje entrando em sua barca. Talvez sua situação não seja muito diferente da de Simão Pedro. Você também tem trabalhado tanto, lutado tanto, passado noites em claro, e parece que as redes estão sempre vazias. Talvez você já tenha lançado as redes com tanto entusiasmo, acreditando na missão que Deus lhe confiou... No entanto, depois de tentar uma, duas, três vezes, você acabou se deixando vencer pelo cansaço; tem lançado as redes de qualquer jeito, "fazendo por fazer, vivendo por viver". Hoje, Jesus está convidando você a começar de novo, lançar suas redes do melhor jeito que puder, com vigor, com esperança.

Pedro tinha mil motivos para não voltar para as águas profundas. Ele conhecia bem o lugar, sabia que a hora adequada para pescar era outra... Contudo, ele tinha um único grande motivo para tentar de novo: JESUS. "Já tentei tudo o que sabia e podia, Senhor, e nada consegui. MAS, por causa da Tua palavra, vou recomeçar!" Talvez essas possam ser suas palavras hoje também. Você tem todos os motivos para desistir, e Jesus tem um "MAS..." para ajudar você a ver as coisas com um olhar renovado. Ao dizer para Jesus que ia pescar "em atenção à Sua palavra", Pedro estava decidido a lançar não só suas redes ao mar, mas principalmente a sua fé. Foi com a fé que Pedro alcançou uma tal quantidade de peixes que "as redes quase se rompiam". Foi com as palavras de Jesus ressoando em seu coração que o pescador lançou as redes longe, com força, e trouxe para dentro de seu barco a abundância de vida e benção que parecia tão distante.

Hoje também será assim com você, querido irmão, querida irmã! Como Pedro, alguns de nós já começamos o dia cansados, sobrecarregados por lutas que parecem não ter fim. Você também pode desabafar com Jesus: "Senhor, nada tenho conseguido nos últimos dias. Estou cansado de lançar as redes, tentar, lutar, e continuar com a barca vazia. Tenho feito as coisas por fazer, sem entusiasmo, sem acreditar, de fato, no que estou fazendo." Ainda assim, viva agora o desafio que está à sua frente! Como Pedro, você também precisa dizer: "MAS, em atenção à Tua palavra, vou lançar minhas redes de novo." Lance sua fé no mar agitado que você está atravessando. Aquelas bênçãos que parecem tão distantes, aquele sonho que parece ter ido para tão longe, sua fé pode trazer para perto. É preciso que você volte a lançar as redes; e o faça com entusiasmo pela missão que recebeu de Deus.

Vamos orar, começando ou recomeçando nosso caminho com o Senhor. Que sua oração seja a entrega de sua vida, para que, a partir de agora, Jesus vá à sua frente, apontando a direção:

Senhor Jesus Cristo, hoje tua voz bendita chegou aos ouvidos de minha alma. Depois de tanto tempo sem rumo, sem saber para onde ir, ouço o Senhor me chamando e dizendo: "Vem!" Obrigado, Jesus, porque Tu não queres me ver sentado à beira do caminho, prostrado, mas erguido, prosseguindo Contigo. Sei que muitas vezes tenho atropelado tudo com minha ansiedade. Peço perdão, Senhor, porque às vezes quis passar à Tua frente, impondo minhas vontades e meus caprichos em vez de perceber o que Tu desejavas de mim. Peço perdão por meus julgamentos e minhas atitudes precipitadas, que me levaram a duvidar dos Teus cuidados por mim. Hoje, Senhor, acalma o meu coração e ensina-me a Te seguir passo a passo. Desejo colocar meus pés ali onde o Senhor me indicar, para que meus passos sejam firmes e seguros.

Meu amado Salvador, confio na Tua obra em mim. Sei que o Senhor não perde nem um instante de minha vida e agradeço porque tudo, em Tuas mãos, concorre para o meu bem. De hoje em diante, não vou ficar paralisado diante de nenhuma situação que me pareça fracasso, pois irei aos Teus pés entregar tudo. Sei que o Senhor molda o meu coração com o Teu Espírito Santo e que, por isso, não devo amaldiçoar nada que me aconteça. Ao contrário, todas as situações serão motivo para eu me lançar em Teus braços e receber de Ti a provisão e o sustento de que necessito.

Senhor, hoje desejo recomeçar Contigo. Sei que tenho uma missão a cumprir. Os momentos em que minha fragilidade falou mais alto me fizeram duvidar de que eu seria capaz ou de que o Senhor ainda teria um lugar para mim em Teus planos. Hoje, porém, sei que o Senhor é o Deus dos recomeços. Confiando no Teu amor, retomo meu lugar, abro novamente o meu coração àqueles que o Senhor me entregou. Como Pedro, hoje sou eu que Te digo: "Senhor, Tu sabes tudo, Tu sabes que eu Te amo." Como Pedro, eu também confio em Tua palavra, e por isso vou lançar minhas redes mais uma vez. Não direi, antes mesmo de tentar, que não adianta ou que não vale a pena. Não vou fazer tudo do mesmo jeito! Hoje, lanço minha fé sobre as ondas que estou atravessando, crendo que o Senhor tem para mim direção exata e fartura de paz. Amém.

ELE DÁ CONSISTÊNCIA À SUA VIDA

Ele é a imagem de Deus invisível, o Primogênito de toda a Criação. Nele foram criadas todas as coisas nos céus e na terra, as criaturas visíveis e as invisíveis. Tronos, dominações, principados e potestades: tudo foi criado por ele e para ele. Ele existe antes de todas as coisas, e todas as coisas subsistem Nele. Ele é a Cabeça do corpo, da Igreja. Ele é o Princípio, o primogênito dentre os mortos e por isso tem o primeiro lugar em todas as coisas. Porque aprouve a Deus fazer habitar Nele toda a plenitude e por seu intermédio reconciliar consigo todas as criaturas, por intermédio daquele que, ao preço do próprio sangue na cruz, restabeleceu a paz a tudo quanto existe na terra e nos céus.

(Colossenses 1,15-20)

Esse é, sem dúvida, um dos textos da Escritura que melhor retrata a gloriosa identidade de Jesus Cristo. Nele, somos convidados a contemplar com os olhos da fé o filho de Maria, o Carpinteiro de Nazaré, e descobrir que Ele é muito mais que um homem admirável. Homem como nós, Ele é também a expressão do coração do Pai, o Filho de Deus que veio ao nosso mundo para ser nosso Salvador, nosso Tudo. Cada expressão usada pelo Apóstolo nesse trecho da Carta aos Colossenses manifesta algo da grandeza de Jesus, sua relação única com o Pai celestial, o lugar privilegiado que possui na nova vida que desejamos ter. Vejamos algumas dessas expressões, capazes de inflamar nossa total confiança no Senhor.

CRISTO, A IMAGEM DO DEUS INVISÍVEL

Em primeiro lugar, a Bíblia nos diz que Ele é "a imagem do Deus invisível", ou seja: se desejamos entender como é o grandioso Deus que fez e governa todas as coisas, precisamos olhar para Jesus. Através dos textos da *Sagrada Escritura*, os olhos do nosso coração contemplam Jesus Cristo ao longo de toda a Sua vida. Vemos o Senhor que perdoa a mulher adúltera; vemos o Salvador entrar na casa de Zaqueu e transformar sua vida por completo; vemos Jesus se compadecer de leprosos, paralíticos, cegos e tocá-los com Seu amor capaz de curar todas as coisas. Pois a *Carta aos Colossenses* nos diz: Ele é a expressão do Deus invisível diante dos nossos olhos. Como Jesus faz, como Jesus é, assim é Deus. Se Jesus toca num leproso impuro, sem medo de contaminar-se com suas feridas, assim Deus é e faz conosco também: não tem medo de tocar-nos, não se contamina com nossos machucados. Porque o Seu toque é capaz de trazer alívio e remédio para as enfermidades que pareciam incuráveis em nossa alma.

Algumas pessoas fantasiam Deus de uma maneira muito dura e distante. Pensam que Ele não se importa com elas, pois são tão insignificantes, ou acreditam que Ele só se importa com o que há de pior nelas, seus defeitos, seus erros. Contudo, se desejamos entender como Deus é, a Bíblia diz que só há uma maneira: olhar para Jesus! Ninguém se sentia insignificante perto de Jesus. Ao contrário, Ele possuía a capacidade de fazer todos ao seu redor se sentirem importantes, pois assim Ele via cada um. A Bíblia diz que, quando Jesus passava, as pessoas se jogavam sobre Ele, na esperança de que Ele as tocasse, as abraçasse. Ainda que Jesus exalasse uma atmosfera de pureza e santidade, isso não o tornava distante de ninguém, nem de pecadores, dos quais todos queriam distância. A seu lado, todos se sentiam bem-vindos. Assim é o nosso Deus: Ele não é indiferente a nós; seu desejo não é que nos sintamos inadequados, "sobrando". Somos sempre bem-vindos junto Dele, pois há um lugar que é nosso, dentro do Seu coração de Pai. No início de seu Evangelho, João assim nos fala:

> *A Deus, ninguém jamais viu. Mas o Unigênito de Deus, que está na intimidade do Pai, Ele no-Lo deu a conhecer.*
>
> (João 1,18)

Quando Jesus, o Filho de Deus, veio a este mundo, deu-nos a chance de conhecer o Deus imenso que fez todas as coisas. Entretanto, Jesus veio "da intimidade do Pai"; ou seja, Ele não nos falou de um Deus estranho, longínquo, mas de um coração de Pai no qual desde sempre esteve reclinado e do qual recebeu tudo que nos deu. Ao fazer-se um de nós, o Filho Eterno nos ensinou a chamar o seu Pai de nosso Pai e ensinou-nos a viver como filhos. Ele nos garantiu que, no fim, teremos também nosso lugar no coração de Deus. João ainda nos diz:

A todos que O receberam, Ele deu a capacidade de se tornarem filhos de Deus.

(João 1,12)

Jesus não veio ao nosso mundo para dar a Deus uma multidão de escravos, mas para dar-Lhe uma multidão de filhos e filhas, capazes de retribuir com amor aos Seus afetos de Pai. O relacionamento que Deus deseja ter conosco é o mesmo que tem com Seu Filho Jesus e que a Escritura nos revela tão bem. Ele deseja nos ver confiantes em Seu amor por nós; obedientes à Sua vontade perfeita; sustentados por Ele em nossa missão. Infelizmente, há muitos cristãos, filhos de Deus, que têm um coração de escravo. Que não seja assim conosco! Somos filhos e herdeiros de Deus (ver Romanos 8,14-17), pois desse modo Jesus nos fez. O Maligno tenta contestar nossa condição de filhos, lançando dúvidas sobre nossa identidade aos olhos do Pai. Um dia, no deserto da Judeia, ele tentou fazer o mesmo com o próprio Jesus, questionando-o: "Se és o Filho de Deus..." Talvez você já tenha ouvido coisa semelhante no seu coração: "Se você fosse um filho de Deus, não estaria vivendo tudo isso." Permaneça firme em sua fé. A certeza de que você é filho é que o Espírito Santo de Deus habita em você. Como um filho carrega características do pai e se assemelha a ele, assim você carrega o Espírito Santo que o torna uma expressão viva de Deus aqui na terra. Não duvide jamais do amor que seu Pai tem por você.

CRISTO, CERTEZA DE QUE NÃO ESTAMOS ÓRFÃOS

Mesmo reconhecendo que tem um Pai no céu, algumas pessoas podem experimentar um sentimento profundo de orfandade. Em um primeiro momento, imaginamos que "órfão" é a criança que perdeu um de seus pais. A ausência da proteção, do estímulo e do afeto paternos pode gerar uma sensação de desamparo diante da vida, um sentimento de não ter com quem contar, uma impressão de abandono. Não são apenas crianças que se sentem assim.

Mesmo depois de crescer, continuamos precisando de apoio, cuidado, atenção. Por isso, também adultos podem sentir-se órfãos, e de muitas maneiras. Alguns se sentem órfãos de pais, e outros, de filhos; alguns se sentem órfãos da esposa ou do marido, ainda que estejam vivos e, algumas vezes, bastante próximos fisicamente. Podemos nos sentir órfãos de todos aqueles cujo amor, um dia, nos envolveu e deu segurança e que, agora, já não ocupam mais o lugar que lhes demos em nossa vida, deixando uma sensação de vazio interior.

Temos medo de ficar órfãos, de ser esquecidos ou trocados por outros. Os caminhos da vida, contudo, nos obrigam a nos despedir de muitos que, um dia, nos abençoaram com sua presença. Precisamos aprender, então, a valorizar o que carregamos dentro de nós como fruto daquilo que vivemos juntos. No momento em que o fluir da existência nos separa daqueles que tínhamos ao nosso lado (e que, talvez, pensássemos que não se afastariam nunca), devemos nos aconchegar nas palavras de Jesus, que nos fez uma maravilhosa promessa:

Jamais vos deixarei órfãos. Eu estarei convosco todos os dias, até o fim.

(João 14,18; Mateus 28,20)

Porque Jesus é a perfeita expressão do amor do Pai, Ele nos garantiu que jamais perderíamos o Seu amor. Ele entrou em nossa vida para ficar e jamais se apartará de nós. Ainda que muitas pessoas especiais tenham passado em sua vida, deixando saudades e gratidão em seu coração, você, querido irmão, querida irmã, continua tendo sempre a seu lado o amigo Jesus, que jamais vai embora. Não é preciso ter medo da solidão, pois Ele prometeu ficar "até o fim". Mesmo que outros desistam de nós no meio do caminho, Ele sabe nos amar até o fim de nossa história, de nossas mazelas e de nossos fracassos. Jesus ama você até onde você puder ir, mesmo que seja para muito longe. Entregue a Ele sua sensação de orfandade e o desalento que ela causa. Quando Jesus nos diz que estará conosco "todos os dias", isso significa que Ele permanecerá ao nosso lado "cada dia", sem falhar em nenhum. Hoje, Ele deseja preencher o vazio deixado pelo seu sentimento de orfandade, fazendo-o experimentar o apoio e a proteção do Pai celestial.

CRISTO, QUE SUSTENTA TODAS AS COISAS

Depois, a Carta aos Colossenses nos afirma que todas as coisas que existem "subsistem" em Jesus. Outra maneira de traduzir essa expressão seria: "todas as coisas têm em Jesus a sua consistência." Costumamos falar de "relacionamentos consistentes", "uma carreira consistente" ou "um caráter consistente" e identificamos todas essas coisas com o resultado do que somos capazes de fazer. A Bíblia diz, porém, que quem dá consistência a tudo é Jesus. Ou seja, só a presença de Jesus traz estabilidade, resistência, firmeza. Quando não há mais espaço para Jesus em nossos projetos, relacionamentos, trabalhos, todas essas coisas perdem a consistência, tornam-se fonte de insegurança, inspiram o medo de que possamos vir a perdê-las. Quando Jesus governa nossas expectativas a respeito do futuro, quando Ele faz parte de nossos relacionamentos e nossas escolhas, então sabemos que, mesmo que tudo se torne difícil e tenhamos de "reciclar" nossos projetos, ainda assim temos uma vida consistente, capaz de se refazer sempre que preciso. Nosso equilíbrio, nossa estabilidade e nossa segurança não podem ser garantidos senão pelo lugar que damos a Jesus em nossa vida. Hoje é dia de refazer seu equilíbrio emocional, "colocar a cabeça no lugar", voltar a se sentir capaz de enfrentar os desafios da vida, permitindo que Jesus dê consistência a você, libertando-o de dependências doentias de coisas ou pessoas. Quando fazemos de nossa fé em Jesus a nossa terra firme, experimentamos a graça da estabilidade em todos os níveis de nossa vida. Assim declara o Salmo 92:

> *O Senhor é Rei e se vestiu de majestade, revestiu-se de poder e de esplendor! A terra que, com firmeza, Ele estabeleceu, não será abalada. Muito mais do que o fragor das grandes águas, muito mais do que as ondas do oceano, poderoso é o Senhor nos altos céus!*
>
> (Salmos 92,1-2.4)

O Senhor Deus deseja ser a firmeza de nossos passos. Quando Ele estabelece nossa vida, nossa terra, não precisamos temer as circunstâncias adversas. Mais forte do que as ondas do mar; mais poderoso que os dilúvios que se levantam sobre nós, "é o Senhor nos altos céus!" Não podemos nos esquecer de que Deus é Soberano em todos os altos e baixos de nossa vida. Ele tem nas mãos "as alturas das montanhas e o fundo dos abismos lhe pertencem". Há uma bela declaração da Escritura que devemos repetir para nós mesmos a cada dia:

> *Reconhece, hoje, e grava-o em teu coração, que o Senhor é o Deus lá em cima do céu e cá embaixo na terra, e que não há outro além dele.*
>
> (Deuteronômio 4,39-40)

Nosso Pai celestial, que governa todas as coisas "em cima do céu", também é Deus "cá embaixo, na terra". Ou seja: Ele também é Deus aqui, na nossa casa; no trabalho; no hospital em que está aquela pessoa amada enferma; nessa situação em que pensamos que vamos naufragar. Todas as coisas estão em suas mãos, e as águas não vão avançar sobre nós além do que Ele permitir. Ouvir a voz de Deus na tempestade é o grande desafio que devemos abraçar todos os dias. Contudo, apenas quando nossa atenção está fixada no Senhor, que é constante em nos carregar em seus braços em meio às adversidades, é que percebemos a direção pela qual devemos seguir. O Salmo 17 nos faz proclamar:

> *Senhor, sois Vós que fazeis brilhar o meu farol, sois Vós que dissipais as minhas trevas. Convosco afrontarei batalhões, com meu Deus escalarei muralhas. Os caminhos do Senhor*

são perfeitos, a palavra do Senhor é pura. Ele é o escudo de todos os que Nele se refugiam.

(Salmos 17,29-31)

Em meio a uma densa tempestade, precisamos de orientação. O salmista nos diz que o Senhor acende para nós um farol, pois as nossas trevas são, para Ele, "claras como a luz do meio-dia" (Salmos 138,12). Não precisamos temer aqueles momentos em que nos sentimos cercados de escuridão, por fora e por dentro, pois o nosso Deus continua enxergando tudo nitidamente. Devemos, simplesmente, deixar-nos conduzir por sua voz.

Jesus, um dia, comparou nossa vida a uma construção:

Aquele, pois, que ouve estas Minhas palavras e as põe em prática é semelhante a um homem prudente, que edificou sua casa sobre a rocha. Caiu a chuva, vieram as enchentes, sopraram os ventos e investiram contra aquela casa; ela, porém, não caiu, porque estava edificada na rocha.

(Mateus 7,24-25)

Falando assim, o Mestre nos recordava que todo o peso de uma casa é sustentado pelo alicerce que é posto; se o alicerce é firme, a casa suporta ventos e tempestades. Tudo o que as pessoas veem numa bela edificação é suportado por aquilo que não se vê, ou seja, pelos fundamentos que foram lançados abaixo do solo. Assim também se dá conosco: tudo o que conseguimos erguer em nossa vida é sustentado pelo alicerce que firmamos no oculto do nosso coração, nossa comunhão com Deus. Se nos aventurarmos a levantar grandes projetos sem fundamento profundo, corremos o risco de nos machucar e machucar aqueles que trazemos para dentro de nossa vida. Contudo, se construirmos também "para baixo", ou seja, no nosso interior, estaremos firmes para viver e vencer em tempos de instabilidade. A eficácia de nossas atitudes, nossas palavras e nossos planos depende daquilo que ninguém mais pode medir: nossa atenta e constante escuta da voz do Bom Pastor.

Ele dá consistência ao que edificamos.

CRISTO, O PRINCÍPIO

O Apóstolo continua falando a respeito de Jesus e nos revela que Ele é o Princípio; dele é o primeiro lugar em todas as coisas. Querido irmão, querida irmã, é preciso constatar algo a esse respeito: sem dúvida Jesus tem algum lugar na vida da maioria das pessoas e, certamente, na vida de todos aqueles que se dizem cristãos. Entretanto, a Bíblia nos diz que Ele deve ter o PRIMEIRO lugar. Isso significa que Ele deve ser, como diz a Carta aos Colossenses, o Princípio, ou seja, o motivo e a razão das nossas decisões e atitudes. Podemos explicar essa diferença através de um exemplo simples: quando é preciso enfrentar alguma situação difícil, a maioria das pessoas se envolve de corpo e alma naquilo que considera ser a solução apropriada. Corre-se para um lado e outro, tenta-se envolver outras pessoas que poderiam trazer alguma ajuda e, por fim, quando parece que nada vai ser suficiente, ouve-se aquela conhecida expressão: "agora, só resta rezar..." Nesse caso, é claro que Jesus tem algum lugar, mas certamente é o último. Contudo, para aquele que dá a Jesus o PRIMEIRO lugar em sua vida, a oração não é o último recurso, mas o primeiro! Buscar inspiração e direção junto do Senhor, através de uma breve oração, antes de nos atirarmos freneticamente numa corrida de tentativas de solução, é sinal de que compreendemos que sem Jesus NADA podemos fazer e de que nossos esforços são sempre insuficientes. Acompanhar cada passo dado com mais oração, mantendo o coração diante do Senhor; tê-lo à nossa frente, guiando nossos avanços em meio aos desafios do dia a dia, é a melhor maneira de manter a paz e acertar nosso caminho com a vontade do Pai, que é sempre santa, agradável e perfeita.

Um dia, séculos antes da vinda do Salvador, o profeta Isaías recebeu do Espírito de Deus uma revelação de como seria Aquele que nos traria a paz. É como se o Profeta tivesse deixado para nós um retrato de Jesus que, pelo Seu sangue, pela Sua vida doada na cruz, traria esperança e serenidade ao nosso coração. Assim diz a profecia de Isaías:

> *Porque nasceu para nós um menino, foi-nos dado um filho; ele traz aos ombros a marca da realeza; o nome que lhe foi dado é: Conselheiro admirável, Deus forte, Pai dos tempos futuros, Príncipe da Paz.*
>
> (Isaías 9,5)

Jesus é o Princípio e também é "Pai dos tempos futuros". Novos tempos chegam em nossa vida quando nos colocamos em Suas mãos e aprendemos a depender dele cada dia, dando-lhe o primeiro lugar em nossas decisões, nossos projetos, nossos relacionamentos. Os melhores tempos de sua vida são aqueles em que você inicia aos pés de Jesus, na oração, rendendo a Ele tudo o que você tem pela frente para que Ele tenha o primeiro lugar em todas as coisas. Jesus faz nascer uma nova etapa para nós quando nossa segurança e nosso equilíbrio estão em suas mãos.

CRISTO, A PLENITUDE

Por fim, a Escritura nos diz que em Cristo habita toda a plenitude. Não há falta de bênção nenhuma quando estamos em Sua presença. Todos aprendemos, desde crianças, a declarar com fé as palavras do Salmo 22: "O Senhor é meu pastor, nada me faltará."

Quando Jesus tem o primeiro lugar em nossa vida, não sentimos falta de coisa nenhuma, porque Ele é capaz de nos preencher por inteiro. Há pessoas muito abençoadas por Deus com diversidade de recursos materiais e espirituais, mas que, ainda assim, permanecem sempre insatisfeitas. Uma sensação de vazio permeia o seu dia e elas se lançam numa atividade sem fim, sem saber muito bem porque correm tanto. Parece que estão sempre pela metade, sentindo-se "devedoras" e nunca conseguindo quitar suas dívidas. A palavra "satisfação" tem muito a nos ensinar nesse sentido. Essa palavra da língua portuguesa é composta de duas palavrinhas latinas que significam "feito cheio", "feito completo". Uma pessoa satisfeita é uma pessoa que se sente completa, que foi preenchida por algo. Somente Jesus, a Plenitude, é capaz de nos preencher a alma. Sua presença ilumina todas as coisas e nos torna capazes de enxergá-las com alegria, vivendo o momento presente com intensidade. Sem o brilho de Cristo, sem sua Plenitude, a sensação de "falta" permanece em nosso coração. É verdade que não podemos nos tornar acomodados àquilo que já vivemos ou temos, mas podemos nos lançar para a frente com um sentimento de inteireza à medida que caminhamos com Cristo e em direção a Cristo. Há pessoas que pensam que encontrarão a felicidade ou a alegria de viver amanhã, quando conseguirem possuir esta ou aquela coisa, ou alcançarem esta ou aquela posição. O problema é que esse amanhã parece nunca chegar. Sempre falta algo, sempre fica para depois. Quando buscamos o Senhor diariamente e nos encontramos com Ele na oração, encontramos motivos para nos alegrar no dia de hoje. Reconhecemos a provisão inesgotável de satisfação que Cristo tem para nós a cada dia, como nos faz dizer o salmista:

> *Vós me ensinais Vosso caminho para a vida; junto de Vós, felicidade sem limites, delícia eterna e alegria ao Vosso lado!*
> (Salmos 15,11)

Vamos orar e pedir que o Senhor organize as coisas dentro de nós, a fim de que Ele tome o lugar que é só Seu em nosso coração:

Senhor Jesus Cristo, Filho de Deus e meu Salvador, coloco em Tuas mãos, agora, a minha vida. Há muita coisa fora do lugar, muitos atropelos e muita ansiedade. Por isso, neste momento, quero fazer o que é mais importante: peço perdão por todas as vezes em que não foste o PRIMEIRO para mim. Sei que, sem o Senhor, minha agitação de nada adianta. Peço: toma o Teu lugar, o PRIMEIRO lugar em minha vida. Dá consistência a tudo que coloco aos Teus pés agora: meus projetos, meus relacionamentos, minhas emoções e meus afetos. Se não há lugar para o Senhor em alguma dessas coisas, muda então o que deve ser mudado. Lanço aos Teus pés minhas inseguranças, meu medo de perder pessoas e coisas; sei que, se tenho o Senhor comigo, tudo pode ser refeito, transformado para melhor. Peço, Senhor, que comece um novo tempo em minha vida, ao Teu lado. Que sejas Tu o meu Conselheiro, a minha Paz, a minha Segurança. Obrigado, Jesus, porque, olhando para Ti, sei que Deus me ama, importa-se comigo e quer o meu bem. Não preciso ter medo de mudanças, perdas, nem de nada que possa me trazer o futuro. Se tenho o Senhor ao meu lado, posso prosseguir. Amém.

DEUS SE IMPORTA

Cristo, nos dias de sua vida terrestre, dirigiu preces e súplicas, com forte clamor e lágrimas, Àquele que era capaz de salvá-lo da morte. E foi atendido, por causa de sua entrega a Deus.

(Hebreus 5,7-9)

Um mistério acompanha a vida de todos aqueles que, através da oração, recorrem a Deus em momentos de prova. Essas pessoas, certamente homens e mulheres de fé, deparam-se, vez por outra, com o fato de que suas orações parecem não ter sido atendidas. Todos já experimentaram ter orado por algo que acabou acontecendo de maneira bem diferente daquilo que pediram e esperavam. O livro de Salmos está repleto de desabafos de pessoas que, apresentando suas tribulações ao Senhor, têm a impressão de que Ele não as ouve, uma vez que tudo parece continuar como antes:

Meu Deus, clamo de dia e não me respondeis; imploro de noite e não me atendeis.

(Salmos 21,3)

Afinal, existem realmente "orações não atendidas"? Será o coração de Deus insensível à oração cheia de aflição que parte dos lábios de um de seus filhos? A Carta aos Hebreus responde a essa indagação oferecendo-nos o exemplo do próprio Jesus. Não há dor que passe pelo nosso coração que não tenha passado pelo coração Dele. A Bíblia nos diz que "Ele tomou sobre si nossas enfermidades e carregou os nossos sofrimentos" (Isaías 53,4). Os momentos de solidão que experimentamos, quando parece que mesmo o Céu se calou e não se sensibiliza com o que vivemos, foram experimentados também pelo Senhor Jesus. E como o Pai Celestial ouviu Seus clamores, do mesmo modo ouve os nossos, e responde. Olhar para Jesus faz voltar ao nosso coração o desejo de acreditar e prosseguir, mesmo quando nosso entendimento não é mais capaz de compreender os caminhos de Deus.

Hebreus 5,7 nos afirma que Cristo, durante Sua vida na terra, orou e suplicou, clamou e chorou. Quantas vezes você também tem feito essas coisas, não é mesmo? Começamos a atravessar o deserto da provação, orando, mas, à medida que as forças se vão, a oração se transforma em súplica, clamor e, às vezes, somente em lágrimas. Temos a impressão de que o deserto não vai ficar nunca para trás. Contudo, a Palavra de Deus nos lembra que o Senhor vê todo o nosso caminho; durante a travessia do deserto nenhuma lágrima se perde, nenhuma é desprezada pelo Senhor:

> *Vós conheceis o caminho do meu exílio, Vós recolhestes todas as minhas lágrimas num odre.*
>
> (Salmos 55,9)

A Carta aos Hebreus nos diz: “Ele (Cristo) foi atendido.” Você também será! O deserto não vai durar para sempre; Deus ainda sabe transformar suas lágrimas em sorrisos e seus farrapos em roupas de festa:

> *Vós convertestes o meu pranto em festa, tirastes minhas vestes de luto e me cobristes de alegria.*
>
> (Salmos 29,12)

Uma pessoa atenta, entretanto, poderia ficar em dúvida com o que lemos no capítulo 5 da Carta aos Hebreus. Ali se diz que Cristo orou Àquele que podia livrá-lo da morte e foi atendido. Sabemos, porém, que Ele foi traído, negado, ferido e morto na cruz. Como podemos conciliar essas duas coisas? Como podemos afirmar que Ele orou e foi atendido e, ao mesmo tempo, dizer que foi crucificado e morto no Calvário?

Aí se encontra o grande enigma que acompanha a vida de todos aqueles que se confiam ao Senhor através da oração. Quando a Bíblia nos diz que Cristo foi salvo da morte, não quer dizer com isso que Ele não tenha passado por ela. O propósito maior do Pai, a ser realizado através de Jesus, passava pela cruz e por tudo o que ela significava. Cristo foi atendido em suas orações não porque o Pai removeu a Cruz de seu caminho, evitando que passasse por ela, mas porque o Pai o fez vencedor sobre a Cruz, “por causa de Sua entrega a Deus” (Hebreus 5,9).

Esse é o segredo para encarar, com os olhos da fé, aqueles momentos em que nossas orações parecem não ser correspondidas. Pensamos que a única possibilidade de Deus nos salvar da Cruz é tirando-a do nosso caminho e não permitindo que passemos por ela. Contudo, Ele também pode nos salvar da Cruz fazendo-nos passar por ela e indo adiante, ao encontro de novas bênçãos e vitórias. O Pai jamais esquece um filho Seu na Cruz! Nossas orações que, aparentemente, não foram ouvidas, na realidade estão nos aproximando do coração de Deus e sendo transformadas em vigor e fortaleza para nos permitir passar pela Cruz e seguir em frente. Existem Cruzes em nossa vida que só passam se soubermos passar por elas. Também nesses momentos podemos afirmar, com toda confiança, que somos atendidos por Aquele que é capaz de nos salvar, ainda que de maneiras que não somos capazes de imaginar.

Nossa parte não é saber "como" seremos capazes de prosseguir além da Cruz. A Carta aos Hebreus nos diz que toda a diferença reside na nossa "entrega a Deus". O Pai Celestial não conta com nossas soluções, nossas respostas, nossas forças ou capacidades, pois Ele sabe que, na hora da Cruz, tudo isso se torna frágil em nós. A única coisa com a qual Ele conta é com nossa confiança, nossa entrega. Na Cruz, não podemos fazer muito, pois nossas mãos estão atadas por nossas fraquezas e nossas limitações. Mas ainda podemos orar, confiar e nos entregar. Precisamos aprender com Jesus a ser filhos também na Cruz, pois esta faz parte de nossa história com Deus.

A CRUZ, ESCOLA DA ENTREGA DE SI MESMO

Quando, com os olhos da fé, olhamos para o Calvário, vemos o Filho de Deus ensinando-nos lições profundíssimas com seu silêncio e com as poucas palavras que conseguiu proferir naquele lugar de dor. O Calvário é a escola onde o Mestre Jesus nos ensina a vencer na Cruz, tornando-a também um lugar de encontro com Deus e de absoluta entrega em Suas mãos. Cada pequeno detalhe que os Evangelhos nos apresentam, a respeito daqueles derradeiros momentos da vida terrena de Jesus, nos mostra que Ele era vencedor naquela Cruz onde, humanamente, todos viam apenas fracasso. Ao seu redor, sacerdotes, doutores e soldados zombavam do Senhor e lhe diziam palavras que nós já devemos ter ouvido em nossos momentos de aflição e prova:

> *Salvou a outros, que se salve a si próprio, se é o Cristo, o escolhido de Deus* [...] *Se és o rei dos judeus, salva-te a ti mesmo.*
>
> (Lucas 23,35.37)

> *Ele salvou a outros e não pode salvar-se a si mesmo! Se é rei de Israel, desça agora da cruz e nós creremos Nele! Confiou em Deus, Deus O livre agora, se O ama, porque Ele disse: Eu sou o Filho de Deus!*
>
> (Mateus 27,42-43.)

As mãos de Jesus, que haviam levantado tantos pecadores e curado tantos enfermos, agora estavam pregadas ao madeiro da cruz. Na verdade, Ele estava pregado a cada um de nós ali, aos nossos sofrimentos, para descer conosco até o fundo do abismo e nos trazer com Ele para uma nova vida. No entanto, ao seu redor, todos diziam: "Desça da cruz; faça algo por Você mesmo! Deixe tudo isso para lá! Você não confiou em Deus? Será que Ele não se importa com o que Você está passando?" Jesus sabia que sua missão era dar-se, dar a vida, até o fim. Ele próprio havia dito:

O Pai me ama, porque dou a Minha vida para a retomar. Ninguém a tira de Mim, mas eu a dou de Mim mesmo...

(JOÃO 10,17-18)

O Senhor tinha tomado, em Seu coração, a decisão de cumprir Sua missão, não importando o que custaria. Sua fidelidade ao Pai era o bem mais valioso que possuía e ele o guardaria até o fim. Querido irmão, querida irmã, existem momentos em nossa vida em que nossa fidelidade a Deus, nossa missão, custa muito. Permanecer na Cruz, não abandonar a missão, não desistir de se dar, acreditar que Deus se importa com o que nos acontece, mesmo quando todos ao redor nos dizem que Ele nos abandonou, tudo isso significa que já somos vencedores na Cruz. Significa que ela não foi capaz de nos esmagar, de matar-nos por dentro; na realidade, estamos transformando a Cruz em um novo SIM a Deus, que nos levará a uma nova dimensão de conhecimento do seu amor.

A CRUZ, ESCOLA DE PERDÃO

Todos sabemos que, em meio às poucas palavras de Jesus na cruz, não há nenhuma com a qual Ele tenha tentado se defender das injúrias e das acusações que lhe foram dirigidas. Nesse ponto, Jesus soube sofrer em silêncio. Mas Ele disse palavras de defesa sobre seus algozes; Ele os perdoou:

Pai, perdoa-lhes; porque não sabem o que fazem.

(LUCAS 23,34)

A Cruz de Jesus não teria se tornado fonte de vida para nós se seu coração não tivesse se derramado em perdão. O ressentimento, o rancor, bloqueia a vida; somente quando vivemos e nos entregamos com o coração em atitude de perdão, é que nossa Cruz de cada dia se transforma em fonte de bênção, para nós e para aqueles que nos cercam. Falando a respeito do perdão, o *Catecismo da Igreja Católica* nos desvela algo do maravilhoso gesto de Jesus crucificado por seus algozes:

> *[...] É no fundo do coração que tudo se faz e se desfaz. Não está em nosso poder não mais sentir e esquecer a ofensa; mas o coração que se entrega ao Espírito Santo transforma a ferida em compaixão e purifica a memória transformando a ofensa em intercessão.*
>
> (Catecismo da Igreja Católica 2843)

Para algumas pessoas, perdoar significa esquecer a dor que já foi sentida ou encontrar uma desculpa para a ferida que foi causada por alguém. Contudo, o Catecismo nos lembra de que não está em nosso poder não mais sentir ou esquecer a ofensa. Sentimentos negativos e lembranças doloridas são apenas os sintomas de que algo está machucado no íntimo. Nossas lembranças simplesmente vêm à tona, à medida que algo está transbordando (e atormentando) "no fundo do nosso coração". Existe, porém, uma forma de purificar a memória, ou seja, tocar naquilo que está guardado no interior, de tal maneira que as lembranças parem de doer. Fazemos isso "transformando a ofensa em intercessão". Foi o que Jesus fez na cruz! Ao orar ao Pai pelos que o crucificaram, Jesus transformou a ferida em súplica, intercessão. Ele cobriu o pecado daqueles homens com seu amor tornado oração. Seu coração manteve-se livre, sem nenhum obstáculo que o separasse do Pai e de nós. Orando por seus ofensores, Jesus nos ensinou o segredo da liberdade de coração: transformar a ofensa em intercessão, nossas feridas em oração por quem nos feriu. Esse é o primeiro passo do caminho curador do perdão.

Entretanto, alguém poderia pensar: não consigo, sou incapaz de perdoar e de rezar por aqueles que talharam a minha Cruz e que me fazem passar por esse tempo de dor. Reconhecer nossa incapacidade de perdoar não é algo que nos afasta de Deus, contanto que estejamos dispostos a superá-la com Sua ajuda. O *Catecismo da Igreja Católica* nos ensina que só "o coração que se entrega ao Espírito Santo" transforma a ferida em compaixão e a lembrança em oração. Sozinhos, confundimos muitas coisas: achamos que perdoar significa encontrar desculpas ou justificativas para o erro de quem nos ofendeu. Contudo, o Senhor não nos deu poder para encontrar justificativas, mas para simplesmente perdoar aos que nos feriram. Também quando não conseguimos encontrar motivos para as coisas que nos magoaram, somos convidados a perdoar. Compreenda mais uma coisa importante: perdoar não significa apenas obedecer ao mandamento do Mestre. Isso já seria bom, mas o perdão não é apenas uma obrigação: é um direito nosso! Jesus nos conquistou o direito de perdoar aos nossos agressores, quebrando o círculo maligno da cobrança e da vingança. O segredo para o perdão é somente um: entregar-se ao Espírito Santo. Ele, a partir de dentro, nos move a perdoar.

Antes de ser um "arranjo externo", o perdão é uma decisão tomada em nosso espírito. O Catecismo nos diz que tudo acontece "no coração". E no território do nosso coração, as coisas são sempre e somente entre nós e o Espírito

Santo. Quando buscamos sua ajuda, Ele, que Jesus disse que seria o nosso Consolador, conforta-nos, liberta-nos da autopiedade e nos fortalece para a atitude do perdão. Meu irmão, minha irmã, o Espírito Santo de Deus habita em você! Ele é seu grande recurso para a hora em que o amor, para não se apagar, precisa se transformar em perdão. O Espírito Santo o ensinará a manter-se firme na decisão de orar pelos que o feriram. Ele irá curando as feridas íntimas de tal maneira que, um dia, as lembranças do passado continuarão aí, mas já não mais machucarão. Você está precisando perdoar para que seu coração não se transforme numa prisão onde estarão encarcerados seus ofensores (e você também)? Peça ao Espírito de Deus que o ajude a orar pelos que lhe causaram sofrimento. Ele, aos poucos, vai ajudar você a deixar de ser um "advogado de acusação", esperando de Deus uma vingança ou guardando um profundo rancor, e fará de você um "advogado de defesa", que clama o Sangue perdoador de Jesus sobre todos os que o(a) feriram.

A CRUZ, ESCOLA DA CONFIANÇA

Por fim, Jesus não se debateu na cruz, pois quanto mais alguém se debate sobre ela, mais abre as feridas, mais se machuca. Na verdade, Suas últimas palavras foram dirigidas ao Seu Pai, numa entrega absoluta: "Pai, em Tuas mãos entrego a Minha vida (o Meu espírito)" (Lucas 23,46). Quantas pessoas mais se agitam do que se entregam na Cruz! Veja, isso não significa que devemos nos "entregar à Cruz", numa resignação que nada tem a ver com confiança. Aquele que desta forma o faz pensa no seu coração: "Não adianta mais, não tem mais jeito. Isso é o que sobrou para mim." Enquanto aquele que, verdadeiramente, se entrega a Deus na Cruz, mesmo diante das suas impossibilidades, é capaz de dizer: "Pai, ainda aqui confio no Teu amor por mim. Também nessa hora quero Te dar o meu SIM, corresponder ao Teu chamado. Confio em Ti." Quando repetimos as mesmas palavras ditas por Jesus no Calvário, nós nos tornamos vencedores na Cruz, porque elas nos fazem repousar nas mãos do Pai, de onde nada nem ninguém pode nos tirar:

> *Meu Pai, que me deu essas ovelhas, é maior do que todos; e ninguém as pode arrebatar da mão de meu Pai.*
>
> (João 10,29)

Hoje é seu dia de dizer: "Pai, em Tuas mãos entrego a minha vida." Tenha total certeza de que o Pai do Céu não é insensível à luta que você está travando, nesse momento, para manter-se fiel à sua missão. Ele ouve suas orações, mesmo que elas tenham se tornado apenas lágrimas. Lembre-se, contudo, de que a resposta do Senhor nem sempre é nos impedir de passar pela Cruz. O apóstolo Paulo, grande herói da fé, compartilhou conosco a própria experiência de ter que abraçar uma prova na qual deveria aprender a depender de Deus e ser sustentado por Ele. Veja o que ele nos diz:

> *Enfim, para que a grandeza das revelações não me levasse ao orgulho, foi-me dado um espinho na carne, um anjo de satanás para me esbofetear e me livrar do perigo da vaidade. Três vezes roguei ao Senhor que o apartasse de mim. Mas ele me disse: "Basta-te a minha graça, porque é na fraqueza que se revela totalmente a minha força."*
>
> (2Coríntios 12,7-9)

Não sabemos o que significa o "espinho na carne" do qual fala o Apóstolo. Contudo, compreendemos que era algo que o fazia tocar de perto sua fragilidade, pois o impedia de se sentir vaidoso, autossuficiente. Como homem de fé, Paulo apresentou a Deus sua angústia em suas orações não apenas uma, mas três vezes. Ele perseverou até compreender a resposta do Senhor, ainda que ela tenha sido à primeira vista negativa. Infelizmente, muitos cristãos apresentam seus pedidos a Deus e, rapidamente, desistem de conhecer a resposta do Alto para suas necessidades, precipitando-se em agitação e fazendo tudo do próprio jeito. Outras vezes, quando percebem que a resposta de Deus às suas súplicas parece ser negativa, deixam-se levar pela revolta e se sentem magoados, rompendo seu relacionamento com o Senhor e furtando-se de prosseguir com Ele o seu caminho para além da Cruz. Paulo, contudo, ouviu do céu uma palavra que se tornou inspiração para muitos cristãos que desejam manter sua fidelidade a Deus, mesmo quando todas as portas parecem se fechar: "Basta-te a minha graça, porque é na fraqueza que se revela totalmente a minha força."

Em qualquer dificuldade, o Pai Celestial tem para nós uma provisão, um suprimento de graça capaz de nos alimentar a alma e nos fazer experimentar que, ali onde nos sentimos mais fracos, Ele é forte em nós. Nossa comunhão com Ele, dia a dia, é o grande recurso que temos para manter-nos de pé em toda tribulação. Hoje é dia de experimentar isso: vencer na cruz, fortalecidos pelo poder de Deus.

Vamos orar, colocando nas mãos do Pai a nossa vida:

Pai Santo, agradeço porque sei que sempre me ouves. Senhor, confio no Teu amor por mim, que é maior que qualquer Cruz. Estou passando por tempos de prova e deserto, mas sei que o deserto não dura para sempre; ele ficará para trás. Agradeço, Pai, porque ao olhar para minha vida vejo a sombra de tantas Cruzes que superei e vejo, em cada uma delas, como me ajudaste a prosseguir e vencer. Estou aqui! Sinto-me um vencedor após tantas Cruzes! Obrigado, porque hoje compreendo que elas fizeram parte do meu caminho; se o Senhor não me impediu de passar por elas, deu-me forças para enfrentá-las e transformá-las em recomeços. Hoje, coloco minha vida mais uma vez em Tuas mãos. Entrego-me ao Senhor com toda confiança, pois sei que jamais esqueces um filho na Cruz. Obrigado, Pai, porque nada nesse mundo pode me tirar das Tuas mãos; onde quer que eu esteja, é sempre aí que quero ficar. Obrigado, porque aceito que tenho o direito de perdoar. Agora, coloco diante dos Teus olhos todas as pessoas que me feriram de algum modo. Durante muito tempo, comportei-me como advogado de acusação, exigindo que elas pagassem pelo que me fizeram. Quantas vezes trouxe essas pessoas acorrentadas a mim, apresentando-as a Ti com o coração cheio de mágoa! Hoje, porém, sou cheio do Teu Espírito Santo e decido perdoar-lhes, do fundo do meu coração. Sei que o perdão acontece entre mim e Ti, quando oro pelos que me ofenderam. Escuto a voz do Teu Filho, Jesus, convidando-me a fazer isso agora. (Ore alguns minutos em silêncio, pedindo ao Pai que alcance as pessoas que feriram você com o toque abençoador da Sua mão.) Confio no Teu amor por mim, Pai. Sempre escutas e respondes a minha oração, mesmo que não do modo como eu gostaria. Teus caminhos são perfeitos! Como Jesus no Calvário, hoje é este Teu filho, esta Tua filha, que Te diz: “Pai, em tuas mãos entrego minha vida!” Guarda-me e enche-me, hoje, com o Teu Espírito Santo, em Nome de Jesus. Amém.

GRATIDÃO

> *Bendize, ó minha alma, ao Senhor, e todo o meu ser, Seu santo nome! Bendize, ó minha alma, ao Senhor, não te esqueças de nenhum de seus favores*[...]
>
> *Pois Ele te perdoa toda culpa, e cura toda a tua enfermidade; da sepultura Ele salva a tua vida e te cerca de carinho e compaixão[...]*
>
> *O Senhor é indulgente, é favorável, é paciente, é bondoso e compassivo. Não fica sempre repetindo as Suas queixas, nem guarda eternamente o Seu rancor.*
>
> (Salmos 102,1-4.8-9)

Durante a celebração da Santa Missa, o sacerdote convida a comunidade reunida, por meio de um diálogo, a mergulhar no grande mistério que está vivendo. Todos conhecemos estas palavras que, por serem tão frequentes em nossos lábios, podem acabar passando despercebidas:

- *O Senhor esteja convosco!*
- *Ele está no meio de nós.*
- *Corações ao alto!*

- *O nosso coração está em Deus.*
- *Demos graças ao Senhor nosso Deus!*
- *É nosso dever e nossa salvação.*

Ao final desse diálogo, é-nos revelado um segredo valioso: dar graças a Deus, demonstrar a Ele nossa gratidão, não é apenas nosso dever de reconhecimento, mas, igualmente, é algo capaz de nos salvar. Poderíamos dizer a mesma coisa com outras palavras: quem agradece, salva-se. Quem não aprende a agradecer, perde-se na amargura, no pessimismo, na solidão.

Dar graças ajuda-nos a olhar para a vida exercitando nossa fé. Um dia, Jesus disse a Seus discípulos que

> *O olho é a luz do corpo. Se teu olho é são, todo o teu corpo será iluminado. Se teu olho estiver em mau estado, todo o teu corpo estará nas trevas. Se a luz que está em ti são trevas, quão espessas deverão ser as trevas!*
>
> (Mateus 6,22-23)

Se olharmos para a vida com olhos embaçados pelo ressentimento, pela decepção, tudo o que veremos serão trevas. Um olhar adoecido pela mágoa nos tornará incapazes de reconhecer o caminho que Deus abre diante de nós. A gratidão, ao contrário, mantém o brilho dos nossos olhos, permitindo-nos ver tudo de maneira bela, como um presente de Deus. Por isso, o Salmo 102 nos convida a fazer um compromisso: não esquecer de nenhum dos favores de Deus para conosco, para que reconheçamos quantos motivos temos para agradecer. Mesmo quando somos colocados à prova pela vida, Ele permanece ao nosso lado, cercando-nos de "carinho e compaixão". Quantas vezes, olhando para trás, reconhecemos que, se não fosse a presença consoladora do Senhor junto a nós, não conseguiríamos prosseguir? Portanto, mesmo as dificuldades podem se tornar ocasiões de gratidão quando experimentamos a força de Deus se manifestando em nossa fraqueza.

INIMIGOS DA GRATIDÃO: MANIA DE LIMPEZA E ANSIEDADE

Alguns comportamentos que desenvolvemos, muitas vezes sem perceber, tornam-nos incapazes de agradecer e dados à reclamação. Vamos tentar fazer o diagnóstico de dois deles, para corrigir, em nós mesmos, aquilo que for necessário.

Existem pessoas (entre elas, muitas donas de casa) que são assoladas por certa enfermidade do olhar, chamada "mania de limpeza". O problema de pessoas atacadas por esse mal é que seus olhos só conseguem ver... sujeira! Aquilo que não está bom salta aos olhos de tal maneira que todo o resto lhes escapa, até que consigam "dar um jeito" no que não lhes agrada. E logo, logo, se dão conta de que outra coisa, bem ali, também precisa ser limpa. E esse movimento não termina nunca. Algo parecido acontece com aqueles que não desenvolvem em seu íntimo a capacidade de agradecer o que têm, porque só reparam no que não está bom.

Assim como os "maníacos por limpeza", há pessoas que são incapazes de notar os favores do Senhor em sua vida, porque sempre lhes salta aos olhos o "defeito". Tudo o que têm, tudo que vivem parece estar sempre aquém de suas expectativas. Nada é bom o bastante; ninguém é capaz de corresponder ao seu padrão de exigência (começando pelas pessoas de dentro de casa). Desenvolvem, por causa disso, o vício da reclamação. O Salmo 102 diz que o Senhor, apesar de ter o coração ferido pelos nossos erros e pecados, não fica eternamente repetindo suas queixas contra nós, usando o que já passou para nos condenar. Contudo, talvez você conheça pessoas que repetem "eternamente" as mesmas queixas, transformando o passado em arma para ferir. Talvez, pensando bem, nós mesmos já tenhamos assumido esse papel em nossa família, no ambiente de trabalho etc. É preciso curar nosso olhar; é preciso enxergar as coisas bonitas que temos conseguido viver e aquelas que recebemos todos os dias, do jeito que chegam até nós. Quantas coisas boas têm acontecido conosco, mesmo quando não correspondem exatamente ao que achávamos que deveria ser! A gratidão é o remédio para um olhar embaçado, para que não nos percamos nas trevas do amargor.

Outro problema que nos impede de "curtir" com gratidão as pequenas e grandes bênçãos de cada dia é a ansiedade. Costumeiramente, definimos o ansioso como aquele que "quer tudo pronto para ontem!". O ansioso não sabe lidar muito bem com as coisas à medida que elas vão acontecendo; ele as quer todas "prontas" já, e não pela metade, não a caminho. A ansiedade não nos permite ver o bem que vai florescendo em nossa vida, pois as coisas inacabadas ou as que ainda estão se fazendo progressivamente não combinam com ela. No entanto, quando aprendemos a construir juntos as conquistas que desejamos, notando o caminho que vai sendo feito e as pessoas que o percorrem conosco, vemos que há muita coisa bonita a ser admirada na jornada da vida. Há pessoas, por exemplo, tão apaixonadas pela família que deveriam ter (e que, com a graça de Deus, um dia terão), que se tornaram incapazes de demonstrar amor pela família que têm. Não conseguem sequer se alegrar com os passos, pequenos ou grandes, que seu relacionamento com o cônjuge ou com os filhos está dando agora. Em nome de um futuro que desejam produzir ou controlar, abrem mão do presente que Deus lhes oferece através do dia de hoje. Como seria melhor a nossa convivência se, em vez de querer chegar no fim do caminho o mais depressa possível, fôssemos admirando os passos que conseguimos dar juntos!

COMO EXERCITAR A GRATIDÃO?

Na Carta aos Colossenses, lemos:

> *Triunfe em vossos corações a paz de Cristo, para a qual fostes chamados a fim de formar um único corpo. E sede agradecidos.*
>
> (Colossenses 3,15)

O contexto dessa frase, que nos fala sobre a paz em um único corpo (a comunidade cristã), dá a impressão de que o apóstolo não só nos convida à gratidão para com o Senhor, como também para com os outros. Ser agradecidos significa ser capazes de reconhecer quanto devemos também àqueles que nos ajudaram a "chegar lá", como costumamos dizer. Nossas vitórias nunca são apenas nossas, mas também daqueles que se sacrificaram para que pudéssemos alcançar objetivos e superar tribulações. Sabemos de pessoas que, quando alcançam suas metas, deixam de compartilhar suas vitórias com aqueles que andaram um longo caminho ao seu lado: um filho que se esquece dos pais que trabalharam duro para que ele pudesse estudar; o marido que se torna insensível com a esposa que esteve ao seu lado desde quando não possuíam nada... Cristãos não podem ser assim; devem expressar gratidão e reconhecimento, partilhando com os outros as bênçãos que receberam do Senhor.

A Carta aos Colossenses nos diz: "Sede agradecidos." Como podemos nos tornar capazes de enxergar o tanto que recebemos todos os dias, para que possamos "ser agradecidos"? É preciso exercitar a virtude de um "olhar renovado", reconhecedor, em tudo aquilo o que vivemos. Por exemplo: podemos passar dias e semanas sem dizer nenhuma palavra de gratidão aos nossos, se vemos apenas o que eles ainda não conseguem ser ou fazer. O Salmo 102 afirma categoricamente que nosso Deus não é um "reclamão". E você? Qual foi a última palavra de encorajamento que você disse a algum familiar seu, baseada em algo real, ainda que imperfeito? Demonstramos gratidão não apenas quando dizemos palavras como "obrigado" ou "Deus lhe pague", mas quando, vencendo a "mania de limpeza", notamos algo bom e expressamos nosso contentamento. Nossa capacidade de encorajar os outros para o bem é proporcional ao nosso grato olhar de fé para a vida. Caso contrário, só seremos capazes de identificar o que ainda não está bom e expressar eterna insatisfação. Mesmo quando nosso dever é corrigir, como acontece muitas vezes no caso dos pais, não podemos transformar a correção em desencorajamento, levando o outro a se ver apenas como um problema e não como um filho amado de Deus, que deve ser grato pelo imenso potencial que possui.

Além disso, é preciso falar de algo que toca especificamente nosso relacionamento pessoal com o Senhor: nossa oração não pode se reduzir a uma lista de pedidos. Alguns cristãos piedosos costumam dizer que recebem tantas graças de Deus que não se atrevem mais sequer a apresentar pedidos a Ele em seus momentos de oração. Bem, não encontro na Bíblia nenhuma palavra que me desanime a apresentar a Deus minhas necessidades e fazer-lhe pedidos. Ao contrário, o próprio Salvador nos ensinou:

> *Pedi e recebereis. Buscai e achareis. Batei e vos será aberto.*
> (Mateus 7,7)

Coisa bem diferente é fazer de nossas conversas com Deus uma lista de problemas, quase transformando nossa oração numa profunda demonstração de descontentamento com tudo e todos. Podemos começar nosso momento de oração desabafando nosso coração com o Senhor, clamando debaixo do peso de nossas angústias e provações. Contudo, se cremos que cada momento de oração é um tempo de comunhão com Ele, que nos faz crescer na fortaleza e na renovação da nossa mente, então, nossas orações devem terminar num brado de louvor e gratidão ao Senhor. Enquanto oramos, uma luta se trava no campo de batalha da nossa mente. Quantas pessoas se queixam de que mal começam a orar e vêm à cabeça delas mil pensamentos e preocupações que as confundem e desanimam a prosseguir? É preciso que saibamos usar uma poderosa arma capaz de reorganizar nossos pensamentos e nosso olhar sobre a vida: o louvor. Louvar a Deus significa reconhecer que Ele tem o controle sobre todas as coisas, mesmo quando nós mesmos perdemos o controle! Chegamos diante do Senhor com um turbilhão de barulhos dentro de nós. É preciso que todas essas coisas se calem para que possamos receber orientação do Pai Celestial sobre nossa vida. Que meio possuímos para isso? Louvar a Deus, bendizer seu Nome Santo, agradecer sua fidelidade para conosco. Fazendo isso, o Maligno não tem mais "matéria-prima" para nos aprisionar em pensamentos de confusão e autodestruição. Os tijolos que ele usa para construir uma prisão dentro de nós mesmos são: desconfiança, acusação, memórias doloridas, sensação de abandono e solidão. Quando louvamos e bendizemos a Deus, nossa alma escapa da prisão íntima e se lança confiante nos braços do Pai, reconhecendo que Ele se mantém Verdadeiro em todas as suas palavras. O Salmo 8 nos ensina a respeito da oração de louvor:

> *O perfeito louvor vos é dado pelos lábios dos mais pequeninos*[...]. *Eis a força que opondes aos maus, reduzindo o inimigo ao silêncio.*
>
> (Salmos 8,3)

O Tentador tem confundido você com mil vozes interiores que o levam à prostração? Você se sente numa prisão interior e não consegue sequer orar, porque logo lhe vêm tantos pensamentos à mente? Pois, querido irmão, querida irmã, a chave que abre esses grilhões é o louvor do Senhor. Ele reduz o inimigo ao silêncio! Quando você reconhece a grandeza e o amor de Deus, em todo tempo e situação, o Maligno se cala, porque ele jamais poderia negar essa verdade. Ele só pode nos confundir quando nos apegamos a nossas próprias ideias; quando remoemos na mente palavras humanas mal-entendidas ou quando olhamos para nossos próprios recursos. Quando, porém, olhamos para Cristo, o

Senhor, e nos apegamos à Palavra de Deus e, com o coração repleto de gratidão, glorificamos Seu amor e Sua fidelidade, o Maligno nada mais pode, pois a Verdade do Senhor prevalece sobre toda confusão.

Por fim, ainda a respeito da nossa gratidão e reconhecimento para com Deus, o apóstolo Paulo nos ensina:

> *Não vos inquieteis com nada! Em todas as circunstâncias apresentai a Deus as vossas preocupações, mediante a oração, as súplicas e a ação de graças.*
>
> (Filipenses 4,6)

Duas coisas importantes saltam das palavras do Apóstolo. Em primeiro lugar, é preciso que transformemos nossas preocupações em oração, para que elas não se transformem em enfermidades no corpo ou na alma. Preocupações que não expomos ao Senhor em oração certamente se transformarão em dores no corpo ou esgotamento emocional. Preocupações partilhadas com Deus em oração tornam-se um fardo capaz de ser suportado, pois sabemos que não o carregamos mais sozinhos. Depois, é preciso que nossas orações, em todas as circunstâncias, sejam acompanhadas de ação de graças. Gratidão é o sinal de que sabemos que, uma vez apresentadas a Deus, nossas preocupações agora são assunto dele. E Ele jamais falhará! Mesmo suplicando, também agradecemos. É assim o relacionamento do cristão com seu Pai celestial. Como têm sido seus momentos de oração? Você tem sido capaz de expressar gratidão, mesmo quando apresenta a Deus seus pedidos? Seus momentos de oração começam e terminam com palavras de lamento e desânimo ou tornam-se realmente fonte de paz e confiança para você?

A GRATIDÃO MOSTRA NOVOS CAMINHOS

Uma das grandes fontes de frustração e sentimento de fracasso que se abatem sobre o coração humano é nossa mania de controle. Gostaríamos de ser capazes de prever os rumos de nossa vida de tal maneira que, de antemão, pudéssemos programar os detalhes do que vamos passar nos próximos anos. Algumas pessoas, um pouco mais religiosas, poderiam querer descobrir a vontade de Deus para a vida delas nos próximos cinco ou dez anos e seriam bem felizes se tudo fosse como elas haviam planejado. Contudo, cedo ou tarde descobrimos que é impossível controlar todas as circunstâncias de nossa vida. O livro de Provérbios nos ensina que

> *As pessoas podem fazer seus planos, porém é o Senhor Deus quem dá a última palavra.*
>
> (Provérbios 16,1)

Muitas coisas escapam ao nosso controle, pois estamos conectados com outras pessoas e envolvidos em situações que vão além de nossa interferência. Quando nos fixamos em nossos projetos, especialmente quando eles não dão certo, corremos o risco de não saber "refazer a rota" quando é preciso. Também nesse caso, exercitar a gratidão pode ser uma ajuda valiosa para pesar com serenidade o momento presente e descobrir a nova rota que nos é apresentada pelo Espírito Santo. O apóstolo Paulo nos ensina:

> *Em todas as circunstâncias, dai graças, porque esta é a vosso respeito a vontade de Deus em Jesus Cristo.*
>
> (1Tessalonicenses 5,18)

Como posso querer descobrir a vontade de Deus para minha vida nos próximos anos se não faço essa vontade que se revela para mim hoje? Paulo é bastante claro: seja qual for a circunstância que estejamos vivendo, é preciso aprender a dar graças, pois essa é a vontade de Deus. Quando agradeço, os olhos do meu coração se abrem para perceber a presença de Deus no meu hoje; e é por aí que passa o caminho da minha vitória. A gratidão me faz ver o que o Senhor está fazendo em meio às minhas provas. Nessa hora, começo a compreender que não estou vivendo um tempo perdido e, então, prossigo, refazendo minha rota junto Dele. Se você precisa muito descobrir por quais caminhos o Senhor deseja conduzi-lo nos próximos dias ou semanas, comece agora a agradecer pela presença Dele ao seu lado. Você verá que é por essa direção que seus passos devem prosseguir.

Agora, vamos orar juntos, exercitando nossa gratidão ao Senhor:

Deus, meu Pai, desejo viver este dia exercitando minha gratidão ao Senhor e às pessoas que colocaste ao meu lado. Peço-Te que me libertes do vício de reclamar, de ver problemas e defeitos em tudo e em todos. Sei que preciso dizer menos palavras de condenação e mais palavras de encorajamento. Por isso, rogo que o Senhor coloque nos meus lábios a palavra certa, na hora certa. Mesmo quando tiver de expressar meu desacordo ou alguma correção, que eu faça isso sem desanimar ou ferir os que me ouvem.

Senhor, ajuda-me a "curtir" as vitórias do dia de hoje juntamente com as pessoas que me deste. Nem sempre as coisas são do jeito que eu havia planejado, mas não permito mais que isso me impeça de me alegrar com o que tenho conseguido viver.

Hoje, louvo o Teu Santo Nome porque sei que a Tua fidelidade para comigo é eterna. Obrigado, Pai, porque sou tão amado por Ti, e isso jamais mudará. Obrigado, porque essa minha certeza cala todos os argumentos do Maligno, que tentam me derrubar na tristeza. Hoje, o meu louvor a Ti vai calar todas as vozes de confusão que haviam dentro de mim. Profunda paz eu recebo de Ti neste dia, com o coração sempre repleto de gratidão.

Pai, agradeço em meio a todas as circunstâncias que estou vivendo hoje. Agradeço por ter certeza de não estar sozinho. Obrigado por tê-Lo ao meu lado e obrigado pelas pessoas que o Senhor tem colocado em minha vida como "anjos". Desejo fazer Tua vontade em minha vida neste dia. O apóstolo Paulo ensinou-me que essa vontade é que eu dê graças. Então, é isso o que faço agora, crendo que pela minha ação de graças estou dando mais um passo no caminho certo, o caminho da minha vitória. Amém!

(Passe alguns instantes recordando os motivos que você tem para agradecer ao Senhor nesses seus últimos dias. Agradeça concretamente às pessoas e as circunstâncias que fizeram você se sentir mais perto de Deus e mais cuidado por Ele.)

O QUE DEUS PROCURA?

Chegou Jesus a uma localidade da Samaria, chamada Sicar, junto das terras que Jacó dera a seu filho José. Ali havia o poço de Jacó. E Jesus, fatigado da viagem, sentou-se à beira do poço. Era por volta do meio-dia.

Veio uma mulher da Samaria tirar água. Pediu-lhe Jesus: "Dá-me de beber." Pois os discípulos tinham ido à cidade comprar mantimentos. Aquela samaritana lhe disse: "Sendo Tu judeu, como pedes de beber a mim, que sou samaritana!" (Pois os judeus não se comunicavam com os samaritanos.) Respondeu-lhe Jesus: "Se conhecesses o dom de Deus, e quem é que te diz: 'Dá-me de beber', certamente Lhe pedirias tu mesma e Ele te daria uma água viva." A mulher replicou: "Senhor, não tens com que tirá-la, e o poço é fundo... donde tens, pois, essa água viva? És, porventura, maior que nosso pai Jacó, que nos deu este poço, do qual ele mesmo bebeu e também os seus filhos e os seus rebanhos?" Respondeu-lhe Jesus: "Todo aquele que beber desta água tornará a ter sede, mas o que beber da água que Eu lhe der jamais terá sede. Mas a água que Eu lhe der virá a ser nele fonte de água, que jorrará até a vida eterna." A mulher suplicou: "Senhor, dá-me dessa água, para eu já não ter sede nem vir aqui tirá-la!" Disse-lhe Jesus: "Vai, chama teu marido e volta cá." A mulher respondeu: "Não tenho marido." Disse Jesus: "Tens razão em dizer que não tens marido. Tiveste cinco maridos, e o que agora tens não é teu. Nisso disseste a verdade." "Senhor" — disse-lhe a mulher —, "vejo que és profeta!... Nossos pais adoraram neste monte, mas vós dizeis que é em Jerusalém que se deve adorar". Jesus respondeu: "Mulher, acredita-me, vem a hora em que não adorareis o Pai, nem neste monte nem em Jerusalém. Vós adorais o que não conheceis, nós adoramos o que conhecemos, porque a salvação vem dos judeus. Mas vem a hora, e já chegou, em que os verdadeiros adoradores hão de adorar o Pai em espírito e verdade, e são esses adoradores que o Pai procura. Deus é espírito, e os seus adoradores devem adorá-lo em espírito e verdade." Respondeu a mulher: "Sei que deve vir o Messias (que se chama Cristo); quando, pois, vier, Ele nos fará conhecer todas as coisas." Disse-lhe Jesus: "Sou eu, quem fala contigo."

(João 4,5-26)

O longo relato que João nos oferece no trecho acima nos faz participar de um encontro pessoal, uma conversa íntima e sincera entre Jesus e uma mulher que evitava a todo custo encontrar-se com pessoas que pudessem se interessar pelos detalhes de sua vida. O evangelista nos diz que tudo aconteceu por volta do meio-dia, como se houvesse uma hora marcada por Deus para entrar no coração, na intimidade dessa mulher. Todos nós já devemos ter passado por dias em que evitamos nos encontrar com os outros, fugindo de dar explicações e tocar em assuntos que nos machucavam. Pois a mulher encontrada por Jesus passava exatamente por esse momento. Era comum que as mulheres de uma aldeia daquele tempo fossem aos poços no começo do dia, juntas, para evitar o calor do sol e os perigos do caminho. No entanto, a mulher do Evangelho fugia das demais, tinha medo de perguntas; esperava o horário de maior calor e dirigia-se sozinha para tirar a água. E foi justamente fugindo, na solidão, que ela foi encontrada por Jesus.

FOME E SEDE DE DEUS

Em um primeiro momento, temos a impressão de que Jesus e a Samaritana não estão se entendendo muito bem. A conversa parece caminhar em linhas paralelas, como algumas vezes acontece também conosco. Em nossas orações, às vezes insistimos em nossos próprios pontos de vista e projetos e demoramos a entender a direção pela qual o Senhor deseja nos levar. Contudo, se pudéssemos escolher uma única palavra para resumir toda a primeira parte da conversa, creio que essa palavra seria "sede". A sede de Jesus e a sede da Samaritana falam muito a respeito da sede que carregamos dentro de nós mesmos.

Assim como sentimos fome e sede fisicamente, do mesmo modo nosso coração também tem sua fome e sua sede. Somos impulsionados, levados para frente pela fome e pela sede que sentimos dentro de nós. Uma pessoa que se sente fisicamente saciada não se movimenta mais em busca de alimento ou bebida. Ao contrário, seu organismo tende a "pesar" e fazê-la buscar acomodação e descanso. Por outro lado, enquanto uma pessoa se sentir faminta ou sedenta, dificilmente conseguirá dar atenção a qualquer outra coisa enquanto não tiver encontrado algo capaz de saciá-la e fortalecê-la. Assim como acontece com nosso corpo, também acontece com nossa alma. Chegamos até aonde nossa fome e sede nos levam. Nossa sede e nossa fome de amor, reconhecimento, segurança deveriam nos levar sempre para mais perto de Deus. Infelizmente, no meio do caminho acabamos nos perdendo, buscando água para nos saciar em "cisternas rachadas" (ver Jeremias 2,13), que, com o tempo, se mostram totalmente secas. Aquilo que o nosso coração mais precisa e deseja é a presença do Pai. Não podemos permitir que a fome e a sede da alma nos façam cair em cisternas secas. Se por um momento nos perdermos de Deus, podemos retornar a Ele, dizendo quanto Ele é necessário para nós. Recebemos vida e salvação de Deus e o encontramos enquanto temos fome e sede Dele. Não nos deixaremos abater, não desistiremos de buscar, enquanto carregarmos dentro de nós esse profundo desejo, mais ainda, essa profunda necessidade de estar com o Senhor. No relato do encontro com a Samaritana, Jesus se apresenta sedento. Por toda a sua vida, Jesus teve uma grande fome e uma grande sede: dizer "Sim" ao Seu Pai celestial, corresponder aos propósitos do Pai. Um dia, os discípulos se preocuparam porque Jesus estava tão absorvido pelas pessoas ao Seu redor, que não tinha sequer um momento para se alimentar e refazer Suas forças. Percebendo isso, Jesus lhes disse:

> *Tenho um alimento para comer que vós não conheceis.* [...] *Meu alimento é fazer a vontade Daquele que me enviou e cumprir Sua obra.*
>
> (João 4,32.34)

Entender a vontade de Deus e realizá-la preenchia Jesus com novas forças. Quando nos dispomos de coração a viver o dia a dia como uma correspondência ao chamado de Deus para nós, de repente, descobrimos que fazer a vontade do Senhor não nos esgota, não nos destrói, mas, ao contrário, renova-nos e fortalece-nos. A cada "sim" que dizemos a Deus, nos fortalecemos Nele para os próximos passos que virão.

O desejo de Jesus de obedecer ao chamado do Pai era tão intenso, que nem mesmo a Cruz foi obstáculo grande demais para Ele. Jesus morreu com sede; Ele superou a Cruz porque, passando por ela, sabia que estava indo ao encontro da missão que o Pai Lhe pedia. Lemos no Evangelho de João:

> *Em seguida, sabendo Jesus que tudo estava consumado, para se cumprir plenamente a Escritura, disse: "Tenho sede!"*
>
> (João 19,28)

Certamente a sede de Cristo pregado na cruz não era apenas física, mas muito mais espiritual. O grande alvo de Sua vida foi estar sempre ali onde o Pai o desejava encontrar; a grande sede de Jesus era ser fiel ao Pai que, através Dele, vinha ao nosso encontro com um amor apaixonado, maior até mesmo que a morte. Essa sede, esse desejo arrastou Jesus para a Cruz e para além da Cruz. Você tem sido uma pessoa sedenta? Seu coração ainda deseja prosseguir em direção a tudo aquilo que o Pai Celestial pede de você para que se cumpra aqui na sua vida o que Ele deseja no céu? Ou você acabou por se acomodar, perdendo a sede de Deus e entregando-se a um conformismo que não significa confiança, mas apenas desânimo para continuar? Deus conta com homens e mulheres sedentos, consumidos no coração por uma paixão: dizer "sim" a Ele em todo tempo, em todo lugar; pessoas sedentas e famintas de Deus caminham sempre e arrastam muitas outras consigo.

Jesus não só revelou à mulher samaritana a Sua própria sede, como também foi capaz de reconhecer e tocar a sede dela. O Salvador prometeu à sua ouvinte um manancial de águas vivas, ou seja, águas que jamais deixariam de jorrar, e ela se encantou com a oferta de Jesus, ainda que não a tenha entendido muito bem. Justamente nessa hora, Jesus pediu à mulher que fosse à cidade e chamasse seu marido para participar da conversa. Muito corretamente, a Samaritana disse não ter marido, e Jesus a elogiou por sua sinceridade: "Tens razão em dizer que não tens marido. Tiveste cinco maridos, e o que agora tens não é teu. Nisso disseste a verdade." Agora, Jesus está debruçado sobre o segredo do coração da mulher; aquilo que a fazia fugir de todas as outras mulheres da aldeia, para que não fosse preciso dar explicações, Jesus mostrou conhecer em apenas alguns instantes. A sede de amor da Samaritana a havia levado aos braços de muitos homens, mas ela permanecia sempre sozinha, a ponto de reconhecer que "não tinha marido". Quantas pessoas se cercam de muitos outros, por medo da solidão, por sede de um pouco de atenção e amor, e continuam se sentindo sozinhas! Dessa vez, contudo, a Samaritana havia encontrado Alguém que tinha sido capaz de compreendê-la sem muitas explicações; alguém que lhe ofereceu um encontro muito especial consigo mesma e com Deus. Ao voltar para sua cidade, depois do encontro com Jesus, a mulher anunciou para todos os que a queriam ouvir: "Vinde e vede um homem que me contou tudo o que tenho feito!" (João, 19,29.) Esse foi Jesus na vida dessa mulher: o homem que contou a ela mesma, e a fez entender, tudo o que havia feito; Aquele que, conhecendo seu passado, sem precisar de muitas palavras, mostrou que dentro dela havia uma sede que só Deus seria capaz de preencher.

Deus se encanta com corações sinceros. É verdade que a Samaritana tentou fugir de Jesus ao perceber que Ele era capaz de conhecê-la por dentro. Quantas vezes fazemos o mesmo! Fugimos de Deus quando percebemos que Ele deseja tocar naquelas feridas do nosso coração que aprendemos a esconder tão bem. Afinal, já fomos tão julgados, mal compreendidos, que tememos que nossas feridas sejam sempre de novo abertas. Não tenha medo de Deus! Ele é seu Pai e jamais vai se envergonhar disso. Infelizmente, muitas pessoas se acostumam com discursos religiosos, disputas sobre esse ou aquele ponto de vista sobre a fé, mas fogem todo o tempo do Cristo que "nos conta tudo o que temos feito". É só quando permitimos que o Senhor tenha essa liberdade conosco que somos verdadeiramente libertos. A Samaritana, sempre fugindo, tentou fugir também de Jesus, mas foi alcançada por seu gentil amor que a convenceu de que o Senhor não usa nossos erros para nos ferir ainda mais, mas para nos fazer experimentar Sua força em nossa fraqueza. Se você também tem fugido do Senhor, porque não se sente merecedor de seu amor, saiba que tudo o que há em seu coração importa para Ele; seu Pai celestial seria incapaz de olhar para você de qualquer outro modo que não fosse com um olhar de amor. Alguns salmos da Bíblia nos fazem maravilhosos convites a uma absoluta confiança no amor de Deus por nós. Diante dele, podemos rasgar o coração, expor nossos questionamentos, e esperar consolação e paz:

Povo todo, esperai sempre no Senhor, e abri diante Dele o coração; nosso Deus é um refúgio para nós!

(Salmos 61,9)

Em voz alta ao Senhor eu imploro, em voz alta suplico ao Senhor! Eu derramo na Sua presença o lamento da minha aflição, diante Dele coloco a minha dor!

(Salmos 141,2-3)

Um dia, enquanto estava no templo, em Jerusalém, durante a festa dos Tabernáculos, Jesus reparou quantas pessoas passavam de um lado para o outro em direção ao santuário. Ele sabia que muitos ali talvez só estivessem cumprindo uma lei, obedecendo a um protocolo. Entretanto, sabia também quantas pessoas deviam subir até aquele lugar com um coração profundamente sedento da presença de Deus. A Bíblia nos conta que:

No último dia, que é o principal dia de festa, estava Jesus de pé e clamava: "Se alguém tiver sede, venha a Mim e beba. Quem crê em Mim, como diz a Escritura: 'Do seu interior manarão rios de água viva.'"

(João 7,37-38)

O evangelista diz que Jesus "clamava", ou seja, falava em alta voz, como se estivesse convidando os sedentos a se aproximar Dele. Não importa se chegamos ao Senhor nos sentindo como um deserto; Ele ainda pode fazer surgir dentro de nós mananciais de água viva. E é isso que Ele deseja realizar em você! Basta abrir mão de fugir e, com o coração rasgado, falar-Lhe com sinceridade.

À Samaritana que não conseguiu fugir, Jesus revelou um maravilhoso segredo, o segredo que nos faz beber nas fontes da água da vida: adorando ao Senhor, somos preenchidos por Ele!

O PAI PROCURA ADORADORES. VOCÊ DESEJA SER UM?

Quando o Senhor Jesus Cristo pede à Samaritana que vá buscar seu marido, ela tenta escapar do embaraço propondo a Jesus uma questão que dividia judeus e samaritanos daquele tempo: ONDE se deve adorar a Deus, em Jerusalém ou no Monte Gerizim, na Samaria? Jesus então, mais uma vez, toma a mulher pela mão e a conduz novamente àquilo que realmente importa: sua vida com Deus. Jesus manifesta um ardente desejo do coração do Pai: Ele chega a dizer que o Pai PROCURA adoradores. Quando nos lançamos na busca por algo, é porque isso realmente importa para nós, faz diferença para nossa vida. Pois Jesus nos diz, em sua conversa junto ao poço de Jacó, que o Pai Celestial lançou-se na busca por adoradores, pessoas cujo coração é forjado pela adoração e cuja adoração brota do íntimo. Veja: Jesus não disse que o Pai procura ADORAÇÃO. Afinal, isso Ele já tinha, tanto em Jerusalém como no Monte Gerizim. Jesus deixa claro que o Pai deseja ADORADORES! Não barulho de instrumentos musicais, não festas e eventos portentosos, mas pessoas, corações, adoradores em espírito e em verdade!

Para muitas pessoas, a palavra "adoração" parece significar apenas mais uma forma de oração como tantas outras (louvor, súplica, intercessão etc.). Contudo, se nos ativermos às palavras de Jesus, veremos que adoração é muito mais do que um momento em nossa prática de oração; adoração é um estilo de vida! Esse estilo de vida, esse modo de relacionar-se com Deus marca profundamente o caráter de uma pessoa, a ponto de transformá-la num adorador, alguém cuja vida tem como tom a rendição nas mãos de Deus.

Deus deseja adoradores! Ele deseja filhos que o conheçam e que confiem em seus cuidados amorosos e que, por isso, reconhecem que Ele é digno de incondicional entrega. É realmente surpreendente que as Escrituras nos ensinem que pode haver adoração, ainda que esta não saia de um coração adorador. Sim, Deus pode ouvir nossos cânticos, nossas palavras bem elaboradas, e ainda assim não ter nosso coração. Um dia, através do profeta Isaías, o Senhor queixou-se de Seu povo:

> *Esse povo vem a Mim apenas com palavras e me honra só com os lábios, enquanto seu coração está longe de Mim e o temor que ele me testemunha é convencional e rotineiro...*
>
> (Isaías 29,13)

Com esse lamento, repetido pelo Senhor Jesus (ver Mateus 15,8-9), nosso Deus reclama não possuir a única coisa que realmente lhe importa, nosso coração. O verdadeiro adorador luta por manter seu coração perto do Senhor, batendo no seu ritmo, obedecendo à Sua vontade, dia a dia, passo a passo. Hoje, por onde anda seu coração? Os sentimentos e os desejos que você tem alimentado dentro dele são transparentes aos olhos do Senhor, porque você os têm apresentado a Ele e tem desejado unir-se aos Seus propósitos? Ou será que você tem ido para muito longe Dele? Hoje, talvez, seja seu dia de voltar...

Se prestarmos atenção ao desabafo do Senhor através do profeta Isaías, veremos que Ele deseja de um adorador apenas duas coisas: que seu coração esteja próximo e que ele carregue um temor verdadeiro no seu íntimo. A respeito dessas duas coisas, é preciso que esclareçamos de maneira bastante prática o que significam.

Um coração próximo de Deus é um coração disponível ao Seu chamado, em todos os momentos e ambientes:

> *Portanto, quer comais, quer bebais ou façais qualquer outra coisa, fazei tudo para a glória de Deus*
>
> (1Coríntios 10,31.)

A obra de Deus não se esgota entre os muros de uma igreja ou no horário das orações no domingo. Aonde quer que o Senhor nos leve, certamente Ele conta conosco também ali. Não importa aonde vamos, não podemos nunca sair da presença de Deus, do círculo de influência do Seu Espírito Santo. Onde quer que esteja, um adorador é um "embaixador de Jesus Cristo", cioso dos interesses e dos projetos de Deus ali onde está. Comendo ou bebendo, estudando ou descansando, trabalhando ou com a família, cuidando de um enfermo ou se divertindo, um adorador, através da sua união com o coração do Pai, transforma tudo em alegria e glória para Deus.

Além disso, o Senhor nos pede, através de Isaías, um temor que não seja rotineiro. Para muitas pessoas soa estranho que Deus nos peça que tenhamos temor; será que Ele quer que tenhamos medo dele? Absolutamente, não! Nenhum pai gosta de ser temido pelos filhos; o medo cria defesas, afasta corações. Não é isso que Deus deseja de nós!

Além disso, temos medo daquilo que pode nos fazer mal, e não precisamos esperar nada de mal vindo do Senhor. O temor de Deus, um dos dons que o Espírito Santo derrama no coração daqueles que creem, significa um profundo cuidado, uma profunda reverência pela presença de Deus que nos cerca e pelas obras perfeitas que Ele realiza em nossa vida. Pelo temor do Senhor, evitamos de todo modo perder-nos Dele, ferir Seu coração, quebrar a obra que Suas mãos estão moldando em nós.

Aquele que vive em temor do Senhor se aproxima das obras de Deus com reverência e delicadeza. Ele sabe que a mão de Deus está sobre as Suas criaturas, e que o Espírito do Deus Vivo coloca todas as coisas em movimento. Por isso, ele evita julgar precipitadamente, maldizer, "apagar o pavio que ainda fumega". Nesse espírito de temor e de delicadeza foi que o Senhor Jesus Cristo realizou sua missão. Isaías nos deixou um retrato profético do Messias, descrevendo-o desse modo:

> *Eis o meu Servo que eu amparo, meu eleito ao qual dou toda a minha afeição.* [...] *Ele não grita, nunca eleva a voz, não clama nas ruas. Não quebrará o caniço rachado, não extinguirá a mecha que ainda fumega.*
>
> (Isaías 42,1-3)

A obra de Deus não se cumpre num ambiente de gritarias e acusação. Quando elevamos a voz, levados pelo desejo de fazer prevalecer nossas ideias e nosso ego, o Santo Espírito, que inspira cuidado e reverência pela obra de Deus na vida do outro, contrista-se e se retrai. O adorador aproxima-se de pessoas e situações com prudência, para não feri-las e não destruir, assim, o que Deus já está fazendo nos corações e nas coisas. O verdadeiro adorador "dá tempo ao Espírito Santo" para que Ele possa agir livremente. Desse modo, a Bíblia afirma que "o temor do Senhor é o princípio da sabedoria" (Provérbios 1,7). Ou seja, para que saibamos agir com prudência e retidão; para que saibamos dar um passo a cada instante, é preciso em primeiro lugar que estejamos vivendo "em temor do Senhor", atentos a Ele e ao seu modo de conduzir os passos de Seus filhos. Compreendendo as coisas desse jeito, podemos retornar ao nosso próprio coração e nos questionar: quando me aproximo das pessoas, quando me envolvo em qualquer situação que exige meu posicionamento, minhas atitudes e minhas palavras expressam temor do Senhor, ou seja, a certeza confiante de que Deus está agindo e não posso me interpor a Ele? Ou minhas atitudes revelam precipitação, desesperança, atropelando, assim, a obra de Deus? Tenho tido cuidado ao me aproximar dos outros para não quebrar o que Deus já está fazendo no coração deles, ou costumo desvalorizar os passos que os outros conseguem dar, porque não vejo a suave mão de Deus que trabalha o tempo todo?

O adorador é alguém transformado pelo Adorado. Assim como assumimos um pouco das características do ambiente onde vivemos; como nos parecemos física e emocionalmente com a família com a qual convivemos desde muito pequenos, assim também vamos sendo moldados pelo nosso relacionamento com Deus, até ao ponto de nos tornarmos parecidos com Ele. O coração adorador, em tudo o que faz, expressa um pouco do brilho da presença de Deus na qual está envolvido. Isso é possível para todos; também para você! Querido irmão, querida irmã, há um manancial inesgotável de paz e de perdão no coração de Deus para você. Que toda sede de amor, aceitação, aconchego que você sente o traga para mais perto dos braços do Pai. Beba dessa fonte adorando a Ele nesse momento, onde quer que você esteja. Há um Deus vivo reinando sobre nossa vida; Soberano, Ele tem coração de Pai. Que seu coração esteja perto Dele, livre de todas as coisas que querem aprisioná-lo(a) no amargor; que haja verdadeiro temor, verdadeiro olhar de fé em sua vida, para que você seja capaz de reconhecer quanto Deus está fazendo em você, apesar de tudo.

Vamos orar, adorando ao Senhor e bebendo das águas vivas que renovam nossas forças:

Pai Santo, há tanta sede dentro de mim! Às vezes, tentando matar essa sede da alma, acabo me perdendo em tantas coisas que me deixam ainda mais vazio. Sei, porém, que Teu coração é repleto de toda paz e acolhimento de que preciso. Por isso, hoje estou aqui junto de Ti. Não quero mais cair em cisternas rachadas, vazias, que só machucam. Desejo a Tua presença, a Tua direção para minha vida. Transforma minha sede num imenso desejo por Ti e por fazer a Tua vontade, que me ajuda a vencer qualquer obstáculo. Faz de mim um adorador, alguém modificado pela amizade Contigo. Que meu coração esteja sempre perto do Teu e que haja verdadeiro temor dentro de mim. Um cuidado atencioso por Ti e por Tua obra na minha vida e na vida das pessoas que estão comigo. Dá-me Tua sabedoria para que eu não mais atropele as coisas com palavras alteradas ou com julgamentos precipitados. Como adorador, tenho olhos iluminados pela luz da Tua presença. Sei que estás sempre comigo, movendo minha vida com Tua misericórdia. Por isso, lanço fora do meu coração toda ansiedade e desesperança. Obrigado, porque hoje posso ser o adorador que o Senhor procura. Que nossos corações se encontrem e possas guiar meus passos no caminho da paz. Tudo isso Te peço por Teu Filho, meu Senhor e Salvador, Jesus Cristo. Amém.

PREOCUPADO E AGITADO: VOCÊ JÁ SE SENTIU ASSIM?

Naquele tempo, Jesus entrou num povoado, e certa mulher, de nome Marta, recebeu-O em sua casa. Sua irmã, chamada Maria, sentou-se aos pés do Senhor e escutava Sua palavra. Marta, porém, estava ocupada com muitos afazeres. Ela aproximou-se e disse: "Senhor, não te importas que minha irmã me deixe sozinha, com todo o serviço? Manda que ela me venha ajudar!" O Senhor, porém, lhe respondeu: "Marta, Marta! Tu te preocupas e andas agitada por muitas coisas. Porém, uma só coisa é necessária. Maria escolheu a melhor parte e esta não lhe será tirada."

(Lucas 10,38-42)

Se neste exato momento Jesus entrasse em sua casa (ou no lugar onde você está agora), que tipo de pessoa Ele encontraria em você? Talvez o "diagnóstico" dado a Marta também servisse para descrever o estado do seu coração: "Marta, Marta! Tu te preocupas e andas agitada por muitas coisas..."

Preocupação e agitação tomam conta do nosso coração quando desejamos controlar tudo, solucionar tudo, e não ouvimos a voz do Senhor. Contudo, Jesus nos garantiu que, em todas as circunstâncias da vida, uma só coisa é necessária, ou seja, uma só coisa não pode faltar: nossa comunhão com Ele, que nos torna capazes de compreender o que Deus espera de nós a cada instante. Jesus é o ponto de partida de uma corrida certeira em direção às melhores soluções. Quando não começamos Nele, quando não ouvimos Sua voz, nossa ansiedade não nos leva a lugar nenhum.

Vamos recordar a história que nos foi contada pelo evangelista Lucas. Subindo um dia para Jerusalém, Jesus hospedou-se, como de costume, na casa de Marta e Maria. Como sempre, Ele foi acolhido com muito carinho pelas duas irmãs. Entretanto, a presença de Jesus revelou o jeito de ser de cada uma. Enquanto Maria se assentou aos Seus pés para ouvir o Mestre (afinal, Jesus tinha muito para dizer), Marta se pôs a fazer muitas coisas para mostrar ao Senhor quanto Ele era bem-vindo. Certamente Marta não estava fazendo nada de errado; em verdade, ela só desejava acolher bem a Jesus. Mas enquanto fazia suas tantas coisas, Marta não encontrou tempo para estar com o Senhor. Muito agitada, e sem tempo para ouvir a voz do Bom Pastor, veja o que aconteceu com ela:

- Sentiu-se sobrecarregada. Por conta disso, começou a se incomodar com as coisas ao seu redor e, principalmente, com a irmã, que não tinha o seu jeito e o seu ritmo. O que ela poderia estar fazendo prazerosamente, como uma missão a cumprir, tornou-se um fardo e uma cobrança para com ela mesma: "tenho de dar conta de tudo!"

- Agitada, Marta começou também a agitar o ambiente. Ela cobrou de sua irmã que viesse ajudá-la. Quando nos envolvemos em muitas atividades, mas não ouvimos a voz do Senhor, não compreendemos o que Ele quer de nós e começamos a cobrar também dos outros.
- Desejosa de controlar tudo em sua casa, Marta não se constrange em dar uma ordem para o próprio Jesus: "Senhor, ordena que minha irmã venha me ajudar!" Não bastasse impor a si tantas atividades, Marta ainda queria mandar até em Jesus! Ela acreditava, no fundo, que se ela não estivesse no controle, nem Jesus saberia muito bem o que fazer! Era preciso que ela organizasse tudo!

O VERDADEIRO PROBLEMA DE MARTA

Talvez você já tenha conhecido alguém parecido com Marta... Ou, quem sabe, você mesmo se reconhece nela. Apesar de ser uma pessoa tão prestativa e atenciosa, Marta precisava entender algo muito importante: nossa atividade, sem a direção que recebemos de Deus, é somente agitação. Corremos, envolvemo-nos em mil coisas e temos a impressão, no fim de tudo, de que não conseguimos resolver muito. A questão não é assumir uma postura passiva diante dos desafios da vida, mas encontrar em Deus a direção certa para ter atitudes eficazes, que realmente darão fruto. A ansiedade e o ativismo muitas vezes são apenas dispersões que nos impedem de reconhecer o que Deus deseja fazer em nós mesmos. Fugimos para o "muito fazer" para tentar tapar o vazio que há no nosso íntimo.

É preciso salientar algo que já dissemos acima. Marta não estava fazendo coisas erradas, sua intenção não era ferir ninguém ao seu redor. Contudo, esse episódio a fez entrar para a história de maneira um tanto antipática, como mulher autoritária e ranzinza. Na maior parte das vezes, também nós temos muitas boas intenções naquilo que estamos fazendo, mas, quando nos deixamos levar pela agitação que gera insatisfação e cobrança, acabamos sendo rotulados de antipáticos ou "estressados" (qual mãe nunca teve de ouvir, muito contrariada, essa queixa dos filhos?). Motivar e encorajar as pessoas ao nosso redor para que se envolvam em algo necessário é muito bom e, igualmente, muito difícil. Nossa tendência é, ao mesmo tempo em que dizemos que precisamos de ajuda, querer controlar tudo, fazer com que tudo saia do nosso jeito. Dividir tarefas, contar com os outros, talvez não fosse o ponto forte de Marta.

A dica de Jesus para sua anfitriã pode ser o princípio de uma poderosa transformação em nossa vida: "Uma só coisa é necessária..." Algo necessário é aquilo sem o qual não podemos viver. Poderíamos ter muitas outras coisas, mas se nos faltasse o necessário, todo o resto de nada nos adiantaria. Por exemplo, poderíamos ter uma bela coleção de sapatos, mas se nos faltasse ar para respirar... O essencial, a única coisa que não pode faltar na vida de uma pessoa que não quer se perder em mil atividades, é a voz do Bom Pastor. Quando ouvimos a voz do Mestre ressoando em nosso coração, não fazemos coisas e mais coisas, mas sim aquelas que são verdadeiramente importantes e frutuosas. É interessante que Jesus tenha dito a Marta que "Maria escolheu a melhor parte...". A impressão que temos é de que Maria era capaz de escolher, ponderar o que fazer, enquanto Marta era arrastada pela sua pressa e agitação. É comum, quando nos damos conta de nosso comportamento intempestivo, agitado, usarmos palavras como estas: "Quando fui ver, já tinha dito ou feito algo", ou então "de repente, me subiu um negócio e, pronto, estava feito...". Homens e mulheres cheios do Espírito Santo não se deixam levar por "um negócio que sobe..."! Pessoas conduzidas por Deus se deixam levar por um poder que desce do Alto, por uma força divina que lhes inspira a palavra e a atitude certas, na hora certa.

UM EXEMPLO DO ANTIGO TESTAMENTO

Uma das pessoas mais admiradas da Antiga Aliança é o rei-profeta Davi. De tal modo ele correspondeu à missão que recebeu, que foi chamado "um homem segundo o coração de Deus" (ver 1Samuel 13,14). Certamente isso não se deveu ao fato de Davi não ter cometido erros, coisa que a Bíblia definitivamente não afirma a seu respeito. Ele foi formado segundo o coração de Deus porque sabia arrepender-se e voltar para o Senhor sempre que se afastava de sua direção. Em um de seus salmos, abrindo seu coração diante de Deus, ele nos revela sua alma e seus desejos:

> *Uma só coisa eu peço ao Senhor e a peço incessantemente: é habitar na casa do Senhor todos os dias de minha vida, para aí admirar a beleza do Senhor e contemplar o seu santuário.*
> (SALMOS 26,4)

Quando lemos nas Escrituras a história de Davi, vemos que ele tinha todos os motivos do mundo para ser um homem constantemente agitado e preocupado. Como muitos de nós, Davi enfrentou oposição e incompreensão na própria família, viveu durante muitos anos envolvido em guerras e fazendo alianças delicadas, que o mantinham em constante atitude de alerta. Contudo, em seus momentos de oração, o rei apresentava a Deus "uma só coisa, um só desejo". Talvez, em seu lugar, levássemos a Deus uma grande lista de problemas e pedidos; mas Davi pedia incessantemente apenas uma coisa: estar constantemente na presença do Senhor, não se perder Dele e de Seus projetos. Ele sabia que podemos ter todo o resto, mas, se nos falta o conselho de Deus e sua orientação, acabamos perdendo com uma mão o que alcançamos com a outra. Por outro lado, quando temos a amizade de Deus, sua Palavra e seu Espírito Santo podemos enfrentar tudo o mais. Davi compreendeu que "a única coisa necessária" é o relacionamento pessoal que mantemos com Deus diariamente.

ENTENDENDO O QUE DEUS PEDE DE NÓS

Estar "sintonizado" com a voz do Bom Pastor, saber perceber suas inspirações ajuda-nos a realizar as boas obras que, de antemão, Ele preparou para que nós as fizéssemos. E poupa-nos cansaços inúteis e desgastes com as pessoas ao nosso redor. Quando compreendemos o que Deus deseja de nós, esse convencimento gera uma disposição de alma capaz de superar qualquer desafio que nos afaste da realização de Sua vontade. Isso não significa que tudo se torna fácil, mas que recebemos um vigor que não se esgota enquanto não tivermos levado a cumprimento nossa missão. Não cobramos nada dos outros, não nos dispersamos em mil coisas sem propósito. Apenas nos entregamos, de corpo e alma, àquilo que o Senhor nos confiou. A melhor coisa nesse mundo é ouvir a voz de Cristo e aprender, passo a passo, a discernir sua vontade no meio da grande agitação da vida. Sintonizados com o Senhor, focados em nossa missão, não nos deixamos abater ou seduzir pela agitação ao nosso redor.

Marta desejava fazer muitas coisas para Jesus, mas não tinha tempo de estar com Ele. Alguns cristãos padecem do mesmo mal: sempre dispostos a fazer coisas boas, encontrar soluções para todos, mas incapazes de ficar alguns instantes com o Senhor. Terminam por se sentir sobrecarregados, contando apenas consigo mesmos. Contudo, uma das grandes alegrias de abraçar uma missão que nos é confiada por Deus, é justamente poder experimentar Sua presença amorosa que nos capacita a cada instante. Para realizar sua obra, Deus não conta com empregados ou escravos, mas com amigos. Um dia, Jesus disse a seus discípulos:

> *Já não vos chamo servos, porque o servo não sabe o que faz o seu senhor. Mas chamei-vos amigos, pois vos dei a conhecer tudo quanto ouvi de Meu Pai. Não fostes vós que me escolhestes, mas Eu vos escolhi e vos constituí para que vades e produzais fruto, e o vosso fruto permaneça.*
>
> (João 15,15-16)

O servo é um cumpridor de ordens. O amigo é alguém que compartilha uma visão, um chamado, uma paixão. Para sermos capazes de realizar a obra de Deus, resgatar vidas, curar corações, precisamos arder no mesmo amor de Jesus. Para isso, Ele nos convida à sua intimidade, onde partilha conosco tudo o que recebeu do Pai. A convivência com Jesus é o que nos capacita a realizar os planos de Deus. Apesar de

Marta considerar Jesus alguém muito importante, a ponto de tratá-Lo como um convidado de honra, ela não percebeu que o mais importante deveria ser a sua própria amizade com Ele, o tempo que poderiam passar juntos. Também em nossa vida, essa é a prova decisiva: podemos considerar Jesus alguém muito importante, e ainda assim nos manter longe dele. Se considerarmos, porém, que o mais importante é o nosso relacionamento com Ele, então buscaremos todas as oportunidades para estar em Sua comunhão. Só então é possível dar o próximo passo e dispor-se para ser usado como um instrumento nas mãos de Deus. O chamado que Deus nos fez deixa de ser um fardo e se torna um meio poderoso para crescermos ainda mais na dependência dele.

Quando o Senhor nos entrega uma missão, isso é garantia de que não estaremos mais sozinhos dali por diante, tendo em vista que todo o tempo Ele estará trabalhando conosco, mostrando o caminho melhor. Saber aproveitar a acessível presença de Deus é o que nos exige maior atenção. O profeta Isaías nos dá palavras de conforto quando nos lembra de que o Senhor

> *Dá forças ao homem acabrunhado, redobra o vigor do fraco. Até os adolescentes podem esgotar-se, e jovens robustos podem cambalear, mas aqueles que contam com o Senhor renovam suas forças; ele dá-lhes asas de águia. Correm sem se cansar, vão para a frente sem se fatigar.*
>
> (Isaías 40,29-31)

Seria maravilhoso que nos encontrássemos no número daqueles que "contam com o Senhor" e que, por isso, experimentam dia a dia as maravilhas que só podem ser realizadas através do Seu poder. A promessa de Isaías é a de que pessoas assim "vão para a frente sem se fatigar". Se você já fez um exame ergométrico, ou já se exercitou numa esteira na academia, você sabe que é possível se fatigar sem sair do lugar. Mas a Palavra de Deus nos garante que aqueles que fazem suas escolhas e tomam suas atitudes contando com o Senhor, vão para a frente sem se esgotar. Quando nos lançamos nos braços do Pai celestial, permitimos que Ele nos leve na direção que deseja, e nosso coração descansa na certeza de que tudo é disposto por um Deus que nos ama infinitamente.

MAS, COMO FAZER ISSO CONCRETAMENTE?

Deixar-se conduzir pela voz de Cristo significa, concretamente, aceitá-lo como nosso "Mestre". Com essa palavra, as pessoas se dirigiam habitualmente a Jesus. Era um modo de reconhecer que Ele possuía algo a ensinar àqueles que O procuravam. Contudo, diferentemente daquilo que entendemos pela palavra "professor", o Mestre, na antiguidade, não ensinava apenas uma disciplina acadêmica ou algum tipo de conhecimento teórico; ele ensinava um modo de vida. Reconhecer Jesus como seu Mestre significa desejar aprender Dele o Seu jeito de viver, de pensar, de ver a vida e as pessoas. Justamente por isso, Ele disse um dia a seus discípulos:

> *O discípulo não é superior ao mestre; mas todo discípulo perfeito será como o seu mestre.*
>
> (Lucas 6, 40)

Seremos bons discípulos na medida em que for possível reconhecer Jesus em nós! O grande propósito da vida de alguém que reconhece Jesus como seu Mestre é este: tornar-se semelhante a Ele. As circunstâncias que vivemos são, todas elas, oportunidades de conhecer mais o Mestre e, entendendo-O um pouco melhor, tornarmo-nos mais parecidos com Ele. Pergunto a você: o que esta situação, do dia de hoje, pode revelar a você a respeito de Jesus? De que modo ela pode ajudá-lo a se parecer mais com Ele? Em meio aos desafios que você está enfrentando hoje, o que faria o Mestre?

Aprender algo de Jesus! Esse é um maravilhoso propósito para cada dia. Um dia, Nosso Senhor encorajou seus discípulos:

> *Aprendei de mim, que sou manso e humilde de coração*
> (Mateus 11,29)

Veja, Jesus não disse: "aprendei sobre mim", mas "aprendei DE mim". Poderíamos aprender muito sobre Jesus, talvez até com pessoas que não cressem nele como Salvador e Senhor: historiadores, psicólogos, todo tipo de estudiosos. Contudo, se desejamos aprender DE Jesus, devemos estar junto Dele. O discípulo aprende a ser como o Mestre através da convivência, ouvindo-o, vendo-o agir. Aprendemos a ser como Jesus ouvindo Sua Palavra, buscando-O na oração, deixando-nos moldar pelo Seu Espírito Santo.

Ao nos prometer que seríamos cheios do Espírito, Jesus nos revelou qual seria Sua grande tarefa:

Mas o Consolador, o Espírito Santo, que o Pai enviará em Meu Nome, vos ensinará todas as coisas e vos recordará tudo o que vos tenho dito.

(João 14,26)

A missão do Espírito Consolador é fazer o semblante de Cristo resplandecer em nós. A cada novo desafio em nossa vida, a cada situação inesperada, Ele deseja nos "ensinar todas as coisas" que precisamos aprender para que a obra de Deus em nosso coração seja levada a um nível mais profundo. De tal modo Ele nos recorda Jesus todo o tempo, que a Palavra e o exemplo de Cristo se tornam nosso projeto de vida. Quando não sabemos mais o que fazer, não é hora de desistir e nos entregar ao desânimo. É hora de aprender com o Espírito Santo uma nova revelação do poder de Deus em nossas necessidades, pois Ele nos "ensina todas as coisas". Se o Espírito Santo é a própria vida de Deus que habita em nós, vitalizando-nos em todos os nossos passos, então, como diz o apóstolo Paulo:

Se vivemos pelo Espírito, andemos também de acordo com o Espírito.

(Gálatas 5, 25)

Estamos vivendo "de acordo" com o Espírito Santo neste dia? Queremos o que Ele quer? Vivemos do modo dele? A grande alegria do Espírito Santo é "glorificar Jesus" (ver João 16,14), fazendo-nos conhecer as riquezas do Seu amor. Seja essa também a nossa alegria, como diz o salmista:

Põe tuas delícias no Senhor, e os desejos do teu coração Ele atenderá.

(Salmos 36,4)

A GRANDE LIÇÃO DO MESTRE

Antes de dar Sua vida por amor a nós, nosso Mestre Jesus reuniu-se intimamente pela última vez com Seus discípulos. Nessa despedida, antes de cear com eles, Jesus lavou-lhes os pés. Ao terminar, disse o Senhor:

> *Vos Me chamais Mestre e Senhor, e dizeis bem, porque Eu o sou. Logo, se eu, vosso Senhor e Mestre, vos lavei os pés, também vós deveis lavar os pés uns dos outros. Dei-vos o exemplo para que, como Eu vos fiz, assim façais também vós. Em verdade, em verdade vos digo: o servo não é maior do que o seu Senhor, nem o Enviado é maior do que Aquele que O enviou. Se compreenderdes essas coisas, sereis felizes, sob condição de as praticardes.*
>
> (João 13,13-17)

Muitos são os que leem essa passagem e a consideram um passaporte para a frustração. E não se dão conta de que Jesus fez uma promessa àqueles que seguirem seus passos: "sereis felizes" se compreenderdes e praticardes essas coisas! Quando lutamos para ser como o Mestre, aprendendo a lavar (e deixar que nos lavem) os pés, desenvolvemos um comportamento semelhante ao de Jesus. Lavar os pés de alguém significa que recebemos essa pessoa em casa depois de ela ter feito o seu caminho até nós. As pessoas, porém, não chegam prontas, do jeito como gostaríamos que elas fossem. Talvez os pés tenham sido feridos ou se sujado muito no trajeto. É preciso então, de nossa parte, aceitar o caminho que foram capazes de fazer até aqui. A Escritura nos ensina:

> *Sede hospitaleiros uns para com os outros, sem murmuração.*
> (1Pedro 4,9)

Precisamos aprender a acolher as pessoas em nossa vida, como Jesus fez conosco. Sem dúvida, isso pode causar incômodos, desconforto, como quando nos preparamos para receber uma visita em casa. Contudo, a Bíblia nos pede que façamos tudo "sem murmuração", ou seja, com o coração generoso, feliz por poder servir.

Com o lava-pés, Jesus nos ensina ainda a lição da disponibilidade para servir. Quando nos espelhamos nele, assumimos uma postura ativa diante dos outros e nos diversos lugares onde estamos. Quando o Papa Francisco esteve no Rio de Janeiro, por ocasião da Jornada Mundial da Juventude, em seu encontro com os bispos da América Latina, ele pediu que os prelados não fossem "homens com psicologia de príncipe". O que quis dizer o Papa? Um príncipe é alguém acostumado a pensar que todas as pessoas que o rodeiam estão ali exatamente para servi-lo, executar sua vontade. O que o Papa disse aos bispos poderia ter dito a todo cristão que tem Jesus Cristo como seu verdadeiro Mestre: não podemos ter "psicologia de príncipe"! Ou seja: nossa cabeça não pode funcionar como se tudo ao nosso redor girasse para fazer nossa vontade. Ao contrário, a psicologia de Jesus era a "psicologia de servo". Ele mesmo disse aos seus discípulos:

Pois qual é o maior: o que está sentado à mesa ou o que serve? Não é aquele que está sentado à mesa? Todavia, eu estou no meio de vós, como aquele que serve.

(LUCAS 22,27)

Era assim que Jesus se via! E era por isso que gerava um clima de tanto amor e aceitação ao seu redor. Quando olhava para as pessoas que se aproximavam dele, Jesus enxergava nelas os convidados do Pai para o banquete da salvação e da bênção. Jesus as considerava mais importantes que Ele mesmo, o Filho de Deus! E então acolhia essas pessoas, reconhecendo o valor que possuíam diante de Deus. O coração delas era imediatamente tocado pela consciência do seu próprio valor e pelo exemplo do Mestre que se mostrava tão servidor e humilde.

Querido irmão, querida irmã, como discípulos do Divino Mestre, devemos nos perguntar se estamos cultivando uma psicologia de príncipes ou de servos. Quando estamos em algum lugar, quando nos encontramos com alguém, posicionamo-nos como bênção, como facilitadores da alegria dos outros, ou trazemos ainda mais cobranças, caprichos e problemas? O Pai Celestial continua convidando Seus filhos para o banquete onde é servido o Pão da Vida. Hoje, alguns deles estão ao nosso lado, para ser alimentados por Deus através de nossas mãos. Que aprendamos, com Jesus, a transformar momentos difíceis em lava-pés de aceitação e serviço.

Vamos pedir ao Senhor a graça de ouvi-lo no dia de hoje. Que nossa agitação dê lugar à serena voz do Mestre, que nos conduz pelo caminho mais seguro e nos ensina a ser semelhantes a Ele.

Senhor Jesus Cristo, coloco aos Teus pés toda a agitação que há dentro de mim. Assim como acalmaste as tempestades no mar da Galileia, acalma os muitos ventos que sopram no meu interior, agitando-me pra lá e pra cá. Meu desejo hoje é ouvir Tua voz, perceber Tua suave direção e cumprir a missão que me confias. Senhor, que Teu Espírito Santo me livre de toda ansiedade e preocupação exagerada. Às vezes me sinto como Marta, envolvido em tantas coisas que me tornam exigente e até agressivo. Abranda meu coração com Tua voz e leva-me a compreender o que devo fazer neste dia, em meio às tantas vozes que ouço dentro de mim. Que eu não cobre de ninguém aquilo que sinto que eu mesmo devo fazer. Dá-me um coração compreensivo com o ritmo de cada pessoa ao meu lado. Que eu me alegre hoje na Tua vontade a meu respeito e que minhas ações deste dia não sejam simples dispersão, mas fruto da comunhão do meu coração com o Teu. Pela Tua voz, que me guia em segurança a cada dia, eu Te agradeço, Senhor. Porque contas comigo como Teu amigo, agradeço profundamente. Coloco-me inteiramente à disposição do Teu Espírito Santo, de Tua vontade, para que me torne um instrumento eficaz em Tuas mãos. Porque tenho um só desejo em meu coração, que é jamais perder-me de Ti, eu Te entrego minha vida e todo esse dia. Dá-me a graça de Te ter como meu único Mestre neste dia. Que eu aprenda de Ti a ter coração de servo para ser, onde Deus me levar hoje, bênção e conforto para meus irmãos. Amém.

Preocupações — O que nos faz mal e como lidar com Isso

Velai sobre vós mesmos, para que os vossos corações não se tornem pesados com o excesso do comer, com a embriaguez e com as preocupações da vida.

(Lucas 21,34)

Preocupações exageradas e ansiedade criam comportamentos compulsivos — exageros. Velar sobre si, ou seja, perceber, notar os comportamentos que estamos adquirindo e que são válvulas de escape (às vezes destrutivas), ajuda a lidar de maneira mais clara e consciente com aquilo que nos pressiona.

Outros são os que recebem a semente entre os espinhos: são aqueles que ouvem a Palavra; mas quando surgem as preocupações do mundo, a ilusão da riqueza e todos os outros desejos, sufocam a Palavra, e ela não produz fruto.

(Marcos 4,18,19)

Preocupações, desejos e ilusões andam muito juntos. Criamos necessidades que não são reais (tenho de ter isso; tenho de "chegar lá"...) e nos lançamos freneticamente à sua procura. De repente, não temos mais tempo para parar, para orar etc. Cuidado com o conflito de interesses que sempre há em nosso coração: fazer a vontade de Deus ou levar-se pelos próprios caprichos. Não deixe a Palavra ser sufocada no seu interior.

Quando vos conduzirem diante das sinagogas, magistrados e autoridades, não fiqueis preocupados como ou com que vos defendereis, ou com o que direis. Pois nessa hora o Espírito Santo vos ensinará o que deveis dizer.

(Lucas 12,11-12)

Preocupamo-nos excessivamente com o que pensam ou sentem a nosso respeito. Buscamos ter sempre uma excelente justificativa para nossos erros, para que não pareçam erros e não sejam ameaças à imagem que criamos ou pensamos ter criado. Não estar o tempo todo no controle, permitir que as pessoas vejam nossos limites, às vezes é libertador.

Portanto, não vos preocupeis com o dia de amanhã, pois o dia de amanhã terá suas preocupações! Para cada dia, bastam seus próprios problemas.

(Mateus 6, 34)

Insegurança a respeito do futuro é algo com o que temos de aprender a lidar. Quando confiamos na presença constante de Deus e vivemos cada dia de uma vez, com todos os seus desafios e oportunidades, não precisamos saber como será o dia de amanhã. Basta saber que o Senhor já nos espera às portas de um novo dia para nos capacitar em todo o necessário.

Confiai a Ele todas as vossas preocupações, porque Ele tem cuidado de vós.

(1Pedro 5,7)

Todas as nossas preocupações não desaparecem pelo simples fato de as identificarmos em nós. Contudo, temos a oportunidade de transformá-las em motivo para maior entrega e confiança no Senhor. Entregue a Ele suas preocupações, suas impossibilidades, e você poderá encontrá-Lo ali mesmo onde se sente mais fraco.

SEJA CHEIO DO ESPÍRITO SANTO!

Vigiai, pois, com cuidado sobre a vossa conduta: que ela não seja conduta de insensatos, mas de sábios que aproveitam ciosamente o tempo, pois os dias são maus. Não sejais imprudentes, mas procurai compreender qual seja a vontade de Deus.

Não vos embriagueis com vinho, que é fonte de devassidão, mas enchei-vos do Espírito Santo. Recitai entre vós salmos, hinos e cânticos espirituais. Cantai e celebrai de todo o coração os louvores do Senhor. Rendei graças, sem cessar e por todas as coisas, a Deus Pai, em nome de nosso Senhor Jesus Cristo!

Sede solícitos uns para com os outros no temor de Cristo.

(Efésios 5,15-21)

Ao contrário do que muitas pessoas pensam, a Bíblia não é um livro sobre teorias religiosas, mas a história de um Deus que vem ao nosso encontro nas coisas grandes e pequenas do nosso dia a dia. No trecho da carta aos Efésios que acabamos de ler, o Apóstolo nos oferece uma série de instruções práticas que nos ajudam a descobrir a presença de Deus muito perto de nós. Todas as recomendações feitas acima têm o seu centro no versículo 18: "enchei-vos do Espírito Santo." Transbordamos daquilo de que estamos cheios! Se nos enchemos com palavras de pessimismo ou julgamento, transbordaremos o nosso redor de um clima de desânimo e desconfiança; se nos enchemos de preocupações exageradas a respeito das coisas que precisamos fazer, transbordaremos de uma sensação de ansiedade e não experimentaremos a paz que brota da confiança em Deus.

No entanto, a Bíblia diz: encha-se do Espírito Santo! Esse é o caminho para vencer nesses tempos de tanta agitação, nos quais tudo o que fazemos parece não ser o bastante. Nossa principal ocupação, nossa tarefa mais importante ao longo do dia deve ser esta: ser cheios continuamente do Espírito de Deus, que nos revela o que devemos fazer e como devemos agir para realizar a vontade do Pai a nosso respeito. Veja o que diz a Escritura: "encha-se." Isso significa que é preciso que VOCÊ busque o Senhor e a fonte de água viva que pode irrigar seu coração. Muitas pessoas podem orar por você, pedindo a graça de Deus para sua vida, mas ninguém pode orar no seu lugar. Encher-se do Espírito é tarefa sua, intransferível; você será capaz de recebê-Lo na medida da sua sede, do seu desejo de Deus.

Dê uma olhada no seu relógio. Talvez uma boa parte do dia já tenha passado... Você já buscou encher-se do Espírito hoje? Talvez sua mente e seu coração já estejam cheios de mil pensamentos conflituosos e de muitas dúvidas. A paz de Deus, contudo, pode voltar ao seu interior, se tão somente você olhar para o Senhor em meio a todas as circunstâncias deste dia e buscar a Ele. Não duvide: seu maior trabalho hoje é não se deixar esvaziar do Espírito de Deus; não se deixar abater pela incredulidade, mas experimentar o repouso que vem da fé.

Entretanto, você pode se perguntar: como vou me encher do Espírito Santo se me sinto cheio de tantas outras coisas? Em primeiro lugar, é preciso reconhecer que carregamos muitas coisas dentro de nós que devem ser colocadas na luz de Deus. Não está em nosso poder não sentir e esquecer o que ficou gravado em nosso íntimo através das experiências sofridas que vivemos. Também não somos capazes de simplesmente não mais sentir a força de desejos e emoções que surpreendentemente nos assaltam. No entanto, na medida em que expomos essas coisas ao Senhor, serenamente reconhecendo que precisamos de sua ajuda para nos manter fiéis ao seu chamado, somos esvaziados de nossa fixação em nós mesmos e nos tornamos abertos para a direção do Espírito Santo. Deus nos esvazia, não nos impedindo de sentir ou lembrar, mas transformando tudo que sentimos ou lembramos em oportunidade para experimentarmos ainda mais nossa dependência Dele, renovando nossa escolha por Seus planos para nós. Esvaziar-se não significa suprimir tudo o que há dentro de nós, mas colocar tudo o que encontramos nas mãos de Deus.

O versículo 19 nos apresenta então um breve passo a passo para nos enchermos do Espírito: "recitai salmos, hinos, cânticos. Cantai e celebrai. Rendei graças." Nossa gratidão a Deus e nosso reconhecimento a Ele são capazes de nos fazer ver quão perto e acessível a nós Ele está. Seu coração está triste? Você tem se sentido prostrado? Pois até em momentos assim é possível louvar. O Salmo 33 nos garante:

Do coração atribulado está perto o Senhor e Ele conforta os de espírito abatido.

(Salmos 33,19)

Deus está perto de você, ao alcance das suas mãos e da sua oração. Talvez sua dor hoje seja imensa, causada pela perda de alguém querido ou por um sonho ou projeto que não aconteceu. Contudo, o consolo e a paz que vêm de Deus são do tamanho exato desse sofrimento; podem preencher essa sensação de vazio que ficou dentro de você. É preciso apenas que você diga: "Espírito Santo, meu Amigo e Consolador, sei que não foste embora. Enche-me, mais uma vez." Orar no tempo de provação é certamente muito difícil. Deus, porém, não espera ouvir longos discursos enquanto estamos sofrendo; Ele espera nossa confiança. Talvez uma só palavra, ou uma canção ouvida um dia e que ficou gravada na memória possam ser o bastante para abrir seu espírito à presença de Deus. Há uma expressão na Bíblia que nos mostra que o desejo do Senhor é ouvir nosso chamado em meio à aflição: "sacrifício de louvor." Oferecer um "sacrifício de louvor" a Deus significa arrancar, em meio ao sofrimento, do íntimo do coração, uma palavra de confiança e dirigi-la a Deus, atravessando com ela todas as nuvens tenebrosas que nos cercam. No livro de Salmos, o próprio Senhor nos pede e promete:

Imola a Deus um sacrifício de louvor e cumpre os votos que fizeste ao Altíssimo. Invoca-me no dia da angústia, e então te livrarei e tu me glorificarás.

(Salmos 49,14-15)

Nossa oração de entrega e gratidão vai nos centrando em Deus em meio às aflições. O Senhor vai, então, ganhando mais espaço em nossa vida do que os problemas. Sua presença, reconhecida e adorada, vai nos enchendo cada vez mais. Somos então capacitados a viver movidos pela fé, na certeza de que o Senhor nos livra de todo mal.

No Novo Testamento, encontramos mais um passo para nos tornarmos cheios do Espírito Santo.

O ESPÍRITO SANTO VEM SOBRE O SEU SIM

Nosso Deus jamais faz coisas sem propósito. Ao contrário de nós, que tantas vezes somos levados a agir impulsivamente, sem muita clareza de onde queremos chegar com nossas palavras ou atitudes, Deus sempre deseja concluir as obras que inicia. Quando Ele se envolve em algo, é para cumprir um desígnio de bênção e salvação. O Espírito Santo somente se derrama sobre aqueles que dão ao Senhor o consentimento de seu coração para que Ele possa preenchê-los e executar os projetos do Pai. Foi assim naquele tremendo dia em que o Filho de Deus se tornou homem no ventre de Maria.

Todos conhecemos o relato do Evangelho de Lucas a respeito do anúncio do Anjo à Virgem Maria. Surpreendida pelo convite dos Céus, ela deseja compreender um pouco melhor como as coisas anunciadas se sucederão:

> *Maria perguntou ao Anjo: "Como se fará isso, pois não conheço homem?"Respondeu-lhe o Anjo: "O Espírito Santo descerá sobre ti, e a força do Altíssimo te envolverá com sua sombra. Por isso, o ente santo que nascer de ti será chamado*

Filho de Deus. Também Isabel, tua parenta, até ela concebeu um filho na sua velhice; e já está no sexto mês aquela que é tida por estéril, porque a Deus nenhuma coisa é impossível." Então Maria disse: "Eis aqui a serva do Senhor! Faça-se em mim segundo a Tua palavra." E o anjo afastou-se.

(LUCAS 1,34-38)

"Como se fará?" Essa foi a pergunta de Maria, que desejava abraçar seu lugar nos planos de Deus. "Como será?", "Como vou dar conta?", "Como vou conseguir mudar isso?" talvez sejam perguntas que você também se faça diante de situações nas quais a missão que Deus confiou a você parece ir além de suas forças. Assim como Maria, precisamos aprender a única lição que nos pode fazer dar um passo além quando tudo parece difícil demais.

A resposta do Arcanjo Gabriel parecia dirimir qualquer dúvida, mas, ao mesmo tempo, não trazia nenhum dado humanamente satisfatório: "O Espírito Santo descerá sobre ti." Certamente Maria compreendeu que essa resposta era um convite à completa confiança. Não cabia a Ela entender todos os "comos" no caminho de Deus; não cabia a Ela controlar todas as coisas dali por diante. Sua única tarefa seria dizer sim e confiar que não estaria mais sozinha. Assim também acontece na vida de todo aquele que deseja tomar seu lugar nos projetos de Deus. Nossa parte é dar a Ele nosso "sim", arriscando um passo de confiança, acreditando que, sobre nosso sim, virá o Espírito Santo, que nos tornará capazes de realizar tudo o que Deus pede de nós. Quando respondemos afirmativamente ao chamado de Deus, não imaginamos aonde esse "sim" nos levará, mas podemos ter a certeza de que Deus não nos faltará em nenhum momento. Outra passagem da Escritura nos ensina quão necessário é o Espírito Santo para aqueles que desejam cumprir a missão recebida de Deus. No final de seu Evangelho, Lucas nos conta que Jesus, ressuscitado, aparece a seus discípulos e confia-lhes a tarefa de pregar, em Seu Nome, "a penitência e a remissão dos pecados a todas as nações". Jesus lhes diz que isso é "necessário"; portanto, o propósito de Deus está em jogo. Contudo, logo depois, o Salvador lhes dá uma ordem:

> *Permanecei em Jerusalém, até que sejais revestidos da força do Alto.*
>
> (LUCAS 24,49)

Parece que encontramos aqui uma contradição: é preciso fazer algo necessário, que não pode simplesmente ficar para depois e, ao mesmo tempo, é preciso esperar. As palavras de Jesus nos ensinam uma lição fundamental, mas muitas vezes esquecida, da vida cristã: a obra de Deus não pode ser feita apenas com recursos humanos. Se o que está em jogo diante de nós são os planos de Deus, não podemos contar apenas com nossa capacitação pessoal, mas devemos ser revestidos de algo que vem "do Alto", ou seja, de nossa intimidade com o Senhor. O Espírito Santo de Deus vem sobre todos aqueles que reconhecem sua impossibilidade de, sozinhos, realizar algo que produza frutos para a vida eterna. A unção do Espírito, a capacitação sobrenatural de Deus, está escondida atrás da Cruz. Quando olharmos para nossa Cruz, nossa missão nos projetos do Pai, da maneira certa, abraçando-a, estaremos também sendo entranhados do azeite do Espírito. Ele vem para nos conduzir até o fim em nosso chamado e se dá cada vez mais a nós na medida de nossa entrega.

FRUTOS DA AÇÃO DO ESPÍRITO SANTO

Quando nos enchemos do Espírito de Deus, algumas coisas mudam para melhor em nossa vida. A Carta aos Efésios cita algumas delas:

- Deixamos de perder tempo (ver Efésios 5,16). O Espírito Santo conhece o nosso lugar nos sonhos de Deus. Quando estamos sensíveis a Ele e sintonizados com Sua voz, compreendemos que todo tempo de nossa vida é útil para crescer no conhecimento do Senhor. Além disso, aprendemos a cuidar de nossa conduta, sabendo como empregar nossas forças naquilo que realmente vale a pena a cada momento. O Espírito do Senhor sincroniza nosso coração com o ritmo de Deus e nos faz descobrir o valor desse dia chamado "hoje".
- Vencemos a imprudência com a compreensão da vontade de Deus para nós (ver Efésios. 5,17). Quantas vezes nos precipitamos nas palavras e nas atitudes quando não ficamos atentos simplesmente àquilo que Deus pede de nós a cada dia! Quem nunca acabou "atropelando" as coisas, falando ou fazendo mais do que devia, no desejo de apenas ajudar? Talvez você já tenha se magoado ao ouvir uma pessoa querida dizer que você estava atrapalhando, justamente quando sua única disposição era oferecer ajuda. Quando o Espírito de Deus nos faz compreender a missão que nos foi

dada, aprendemos com Ele a dar os passos na medida certa, sem atropelos e ansiedade. É preciso que saibamos fazer tudo aquilo, e só aquilo, que Deus deseja de nós nesse dia.

- Nós nos tornamos solícitos uns para com os outros (ver Efésios 5,21). Solicitude significa capacidade de cuidar. Onde há uma pessoa cheia do Espírito Santo, vai-se criando um clima de cuidado mútuo, de atenção uns pelos outros. O Espírito Santo nos torna sensíveis para Deus e sensíveis para com os outros. Ele nos faz perceber, em pequenas coisas, as reais necessidades de afeto e atenção das pessoas ao nosso lado. E através de gestos simples, breves e de descomplicados sinais de atenção vamos alcançando novamente o coração das pessoas ao nosso redor.

Querido irmão, querida irmã, é certo que essa é a grande tarefa do dia de hoje: encher-se do Espírito Santo. Então, vamos orar:

Meu Pai, eu Te agradeço de todo coração pelo Teu cuidado em minha vida. Tenho passado por tantos momentos de prova e vitória e, em todos eles, tenho a certeza da Tua presença ao meu lado. Minha gratidão a Ti, Senhor, por tudo que temos enfrentado e vencido, juntos! Hoje, peço com uma grande sede à água viva do Teu Espírito Santo. Sem Ele, nada posso; mas tudo posso no Senhor e na força do Teu poder. Tenho necessidade do Teu Espírito, Senhor, para não deixar passar o dia de hoje como um dia perdido. Esse dia é um presente Teu para mim e assim quero vivê-lo. Dai-me a graça de compreender a cada passo a Tua vontade a meu respeito. Que queres de mim hoje, Senhor? (Você pode fazer um pequeno instante de silêncio para exercitar sua escuta da voz do Senhor.) Que teu Espírito Santo me conduza, para que meu coração se acalme no cumprimento fiel da minha missão no dia de hoje. Eis-me aqui, Senhor. Conta comigo, porque sei que conto contigo sempre. Enche-me com o Teu Espírito, em nome de Jesus. Amém.

O GRÃO DE TRIGO

Naquele tempo, havia alguns gregos entre os que tinham subido a Jerusalém, para adorar durante a festa. Aproximaram-se de Filipe, que era de Betsaida da Galileia, e disseram: "Senhor, gostaríamos de ver Jesus." Filipe combinou com André, e os dois foram falar com Jesus. Jesus respondeu-lhes: "Chegou a hora em que o Filho do Homem vai ser glorificado. Em verdade, em verdade vos digo: se o grão de trigo que cai na terra não morre, ele continua só um grão de trigo; mas, se morre, então produz muito fruto. Quem se apega à sua vida, perde-a; mas quem faz pouca conta de sua vida neste mundo, conservá-la-á para a vida eterna. Se alguém me quer servir, siga-me, e onde eu estou estará também o Meu servo. Se alguém me serve, Meu Pai o honrará. Agora sinto-me angustiado. E o que direi? "Pai, livra-me desta hora!?" Mas foi precisamente para esta hora que Eu vim. "Pai, glorifica o Teu nome!"

(João 12,24)

Poucos dias antes de sua morte no Calvário, o Senhor Jesus Cristo já era capaz de contemplar nitidamente a Cruz se aproximando no horizonte. Conversando com dois de seus discípulos, Filipe e André, Jesus revelou a eles como os olhos de seu coração viam a proximidade daqueles momentos de dor e sacrifício. Mergulhado no desejo de dizer "Sim" ao seu Pai até o fim, Jesus mostrou a todos nós o que os olhos de Deus veem quando olham para a Cruz. Também em nossa vida, só somos capazes de abraçar a Cruz e vivê-la como uma fonte de benção e salvação, quando a encaramos com o olhar de Deus, o olhar da fé. Quando vemos a Cruz que se aproxima apenas com um olhar humano, desconfiado do amor e dos cuidados do Pai celestial, somos tentados a fugir dela e entregar o coração à angústia e ao medo. No entanto, quando nossos olhos espirituais se abrem, vemos na Cruz de cada dia o que ela realmente é aos olhos de Deus: um grão de trigo que, germinando, produz muitos frutos.

Jesus comparou seu sacrifício a um grão de trigo que germina. Todos nós já devemos ter tido a oportunidade de ver um grão germinar. De repente, o grão se rompe, arrebenta e do seu interior começa a surgir um pequeno broto. Se for bem cuidado, o broto se desenvolve até se tornar uma planta madura, capaz de gerar novos grãos. Foi desse modo que Jesus encarou sua Cruz; é desse modo que somos convidados pelo Senhor a olhar para nossa Cruz e abraçá-la. Cruz é todo momento em que dizer "sim" a Deus se torna algo bastante exigente e temos de permitir, então, que o Espírito Santo "arrebente" nossos limites, nossa vontade própria, nosso egoísmo, de tal maneira que as medidas do nosso coração se alarguem pelo perdão, pelo silêncio, pela recusa em julgar e condenar, pela paciência e pela aceitação. Cruz pode ser também aquele momento em que, para dizer "sim" ao chamado de Deus, temos de dizer não para nós mesmos... Ou então, aquele outro momento em que confiamos no Senhor e na missão que Ele nos entregou e, ao invés de desistir e fugir, "jogando tudo para o alto", permanecemos ali onde Ele nos colocou, crendo que ainda vale a pena.

Todo aquele que recebe uma missão da parte de Deus tem uma Cruz sobre os ombros a carregar. No fundo, mesmo que em lugares diferentes (como pai ou mãe, marido ou esposa, filho ou irmão, patrão ou empregado, servo ou serva de Deus), nossa missão é sempre a mesma: dar um pouco de nossa vida para que as pessoas que Deus nos confiou sejam alcançadas por Seu amor através de nós. Portanto, quando Deus olha para sua Cruz, sua missão, Ele também deseja ver em você um grão de trigo germinando, brotando, para que vida flua do seu interior em direção a outros que estão ao seu lado. Querido irmão, querida irmã, saiba, com toda certeza, de outra coisa: satanás não pode nada contra uma pessoa disposta a ir para a Cruz. Nesse lugar, onde nos abandonamos nas mãos do Pai e entregamos um pouco mais de nós mesmos pelo bem dos outros, ele não é capaz de nos alcançar com suas mentiras e confusões. Quando estiver cercado por conflitos e experimentar a tentação de se entregar também ao que parece mais fácil, ou então quando o orgulho gritar forte no coração e o desejo for prevalecer sobre os outros, procure, em meio a essas circunstâncias, o caminho que o levará para a Cruz do perdão, da fidelidade e da confiança em Deus. Por essa estrada, o diabo não o alcançará com suas aflições.

Existe, além disso, um segredo para não ser esmagado pela Cruz ou soterrado debaixo da própria missão. A Cruz é apenas uma etapa de um caminho mais longo em direção a Deus. À medida que vamos escrevendo nossa história com o Senhor, Ele nos revela o que deseja de nós, o que espera de nossa vida. É nesse caminho de descoberta do coração e dos planos de Deus que conseguimos passar pela Cruz sem ser vencidos por ela. Quando entendemos que o Senhor conta conosco, encarregando-nos de uma missão, então encontramos forças Nele para vencer qualquer obstáculo. Veja: receber uma missão de Deus não faz com que nosso caminho seja fácil, nem que as coisas aconteçam sempre do jeito como planejamos. Contudo, quando guardamos dentro de nós a voz do Bom Pastor que nos aponta a direção, então, mesmo que nesse caminho haja a sombra da Cruz, não nos deixamos abater por nada. Você só será capaz de superar a dor da incompreensão no casamento ou a dor do fracasso em uma situação profissional se lembrar-se de que tudo isso faz parte de um caminho mais longo, que deve levá-lo a estar mergulhado em Deus. Então você perceberá que, justamente nessa situação de tanta impotência, Ele está pedindo de você um passo além, um "Sim" mais cheio de confiança, um pouco mais da sua vida para que outros sejam alcançados pelo amor e pela presença Dele. Sua Cruz não pode ser obstáculo entre seu coração e o coração do Pai. Quando não compreendemos os caminhos pelos quais vamos sendo conduzidos por Deus, corremos o perigo de nos fechar em revolta e amargura, perdendo-nos do Senhor. Não permita que isso aconteça! Quando a Cruz se levantar no seu caminho, lembre-se de que é hora de agarrar-se mais fortemente a Ele, para que seu relacionamento de intimidade com Deus renove suas forças para suportar o tempo da provação. O Pai não esqueceu você na Cruz! Passando por ela, você subirá a um nível mais alto de amizade com Deus, contemplando mais de perto a Sua face.

DEUS É FIEL E JAMAIS DECEPCIONA

Gostaria de compartilhar com você mais uma palavra da Escritura:

> *"Eis que virão dias", diz o Senhor, "em que concluirei com a casa de Israel e a casa de Judá uma nova aliança. [...] Imprimirei Minha lei em suas entranhas, e hei de inscrevê-la em seu coração; serei seu Deus e eles serão Meu povo."*
>
> (Jeremias 31,31-33)

O profeta Jeremias revela-nos, nessa passagem, o desejo do Senhor de ter uma aliança conosco, com todos e cada um de nós. Na linguagem bíblica, e ainda hoje é assim quando falamos do matrimônio, "Aliança" significa um tipo de relacionamento, de compromisso, no qual toda a nossa vida é empenhada. Infelizmente, vivemos em um tempo em que alianças são constantemente quebradas, suas promessas são com frequência transformadas em mentiras. Contudo, nosso Deus jamais mente ou volta atrás nas Suas escolhas. Ele escolheu você; o compromisso Dele com você é para sempre, sem falhar nem um dia sequer. Você não precisa ter medo de se decepcionar com Ele ou de ser deixado para trás em alguma parte do caminho. Outro profeta, Isaías, falando dessa aliança que o Senhor deseja fazer conosco, nos diz que Seu amor nos cura de todos os machucados causados pelo abandono e pela decepção:

> *Não mais serás chamada a desamparada, nem tua terra, a abandonada; serás chamada: minha preferida, e tua terra: a*

desposada, porque o Senhor se comprazerá em ti e tua terra terá um Esposo.

(Isaías 62,4)

Esse é o compromisso de fidelidade que o Senhor tem conosco (com você!). Quando Jesus deu Sua vida na Cruz, Ele estava selando essa aliança, esse relacionamento fiel entre Deus e nós, para sempre. Ele mesmo nos revelou, na noite em que foi entregue, durante a última Ceia:

Tomando o cálice, disse: "Este cálice é a NOVA ALIANÇA em Meu sangue, que é derramado por vós..."

(Lucas 22,20)

Enquanto Jesus caminhava em direção à Cruz, Ele sabia que o Seu sangue dado, derramado por nós até o fim, seria a marca, o selo da nossa nova e ETERNA aliança com o Senhor. Nós fomos o motivo pelo qual Ele deu a Sua vida. Agora, Ele deseja ser o motivo para que nós vivamos e nos sintamos muito amados enquanto temos de superar as provas da nossa vida. Enquanto temos essa aliança de amor diante dos olhos, todo sentimento de autopiedade se desfaz e dá lugar a uma força renovada para lutar.

Se olharmos novamente para a profecia de Jeremias, veremos que a nova aliança, o novo relacionamento que Deus deseja ter conosco em Cristo é muito profundo e capaz de mexer no íntimo do nosso ser. De tal modo, que o Senhor promete imprimir sua lei em nossas entranhas e inscrevê-la em nosso coração. Quando nos envolvemos dessa maneira com o Senhor e com seus propósitos para nossa vida (afinal, se temos uma aliança com Deus, significa que temos uma vida, um futuro em comum), então todo o nosso modo de encarar a árdua Cruz que envolve nossa missão se transforma. Enquanto não mergulhamos numa profunda entrega ao nosso relacionamento com Deus, muitas coisas exigentes que fazem parte de nossa missão nos parecem uma imposição vinda de fora, dos outros. Manifestamos essa sensação de ser pressionados por expectativas ou por imposições vindas de fora com aquela expressão comum: "tenho de..." fazer isso ou aquilo, "tenho de..." ser desse ou daquele jeito. O problema é que nem sempre essa conformidade soa verdadeira; então, acabamos fazendo as coisas que temos de fazer, mas entremeando-as com reclamações, críticas, "chantagens emocionais", cobranças para que os outros também façam o que achamos que eles "tinham de fazer" etc.

Ao contrário, quando nosso desejo é fazer a vontade do Pai e corresponder àquilo que Ele deseja de nós, ali onde Ele nos colocou, então reencontramos a paz mesmo em meio às exigências da missão. Não mais encaramos as Cruzes do caminho como algo lançado sobre nós a ponto de nos esmagar; abraçamos a Cruz como parte do nosso "sim" a Deus. Entendemos que, nesse exato momento, o Senhor está nos pedindo algo para que possamos prosseguir nosso caminho com Ele. Essa certeza vem "de nossas entranhas", "de nosso coração", onde o Senhor inscreve sua lei, ou seja, aquilo que deseja de nós. Quando descemos a essa dimensão de compromisso, de aliança com Deus, então fazemos o que devemos fazer sem nos sentir pressionados, mas com profunda tranquilidade. Aprendemos a reclamar menos, a sofrer um pouco mais silenciosamente; a não cobrar dos outros o que, talvez, eles ainda não entenderam que deve ser feito.

Tenho certeza de que se houvesse um espaço em branco nesta folha para que você escrevesse o que deseja do Senhor, rapidamente a folha estaria totalmente preenchida. E isso não é mau, pois afinal Deus é seu Pai e você tem o direito de filho de apresentar a Ele suas necessidades. Contudo, o que realmente nos transforma a partir de dentro é perguntar ao Senhor o que Ele deseja de nós. É preciso aprender a ler a lei gravada por Deus em nosso coração para corresponder com um "SIM" generoso aos seus planos de amor. Então faremos tudo o que é preciso que seja feito de maneira leve, serena, na certeza de que nosso relacionamento com Deus avança conforme nos entregamos confiantes aos seus projetos de amor.

AS VITÓRIAS DE DEUS PASSAM PELA CRUZ

As obras de Deus são moldadas em tempos de espera, confiança e amor sacrificial. Isaías, profetizando a respeito da Cruz do Messias Jesus, assim se expressou:

> *Após o penoso trabalho de Sua alma, verá a luz e se alegrará... justificará a muitos e levará sobre Si as suas transgressões.*
>
> (Isaías 53,11)

Que belas palavras o profeta usou para falar do sofrimento do Senhor na Cruz do Calvário: "penoso trabalho de Sua alma"! Padecendo naquele monte, na verdade, Jesus estava lutando por nós, entregando-se, perdoando-nos, orando por aqueles que o feriram. Mesmo na aparente impotência da Cruz, com mãos e pés atados, o coração de Jesus trabalhava, amava-nos forte e decididamente. Assim se erguem as mais firmes obras de Deus. Todas elas passam pela Cruz da espera, da confiança, da entrega abnegada de si mesmo. O segredo para vencer na Cruz é sempre o mesmo: confiança, entrega. Enquanto estamos sendo forjados pela Cruz, e os planos de Deus estão amadurecendo até o tempo da colheita, é preciso agarrar-nos mais fortemente às Suas mãos. Muitas pessoas são capazes de sonhar os sonhos de Deus, mas infelizmente é menor o número daqueles que são capazes de concretizá-los. O que faz a diferença entre uns e outros é que, aqueles que apenas sonham, diante da Cruz se decepcionam e não são capazes de soltar-se das próprias ideias e dos projetos pessoais para se agarrar mais firmemente ao Senhor. Aqueles que concretizam os planos de Deus, ao contrário, diante da Cruz se libertam de seus horizontes limitados, de seus caprichos, de seus caminhos preestabelecidos para se unir mais firmemente ao Senhor e, assim, ficar disponíveis para os passos que Deus deseja vê-los dar. Só quem sabe olhar para a Cruz como um caminho, e não como uma porta cerrada, vai experimentar as maravilhas que existem para além da prova e da tribulação.

Querido irmão, querida irmã, sua Cruz não é em vão. Sua missão vale a pena! Talvez hoje seja o seu dia de permitir que o grão de trigo germine, arrebente, para que Deus possa alargar suas medidas. Certamente o Senhor sabe que há pessoas perto de você que precisam que o amor Dele as alcance através de sua presença, seu amor, seu silêncio, seu perdão. Mesmo quando não sabemos mais como ajudar as pessoas que amamos, nosso coração está trabalhando, como o de Jesus na Cruz, se escolhemos não julgá-las e aceitá-las em amor paciente. Aprofunde sua aliança com Deus, busque ouvir o que Ele está pedindo de você hoje e diga “Sim!”. Você verá que a vontade de reclamar e cobrar dará lugar a uma profunda calma e à paz interior. Que você não seja apenas um sonhador dos sonhos de Deus, mas alguém que ajuda a torná-los realidade com sua espera confiante e amor operoso. Ainda que demore um pouco, você verá que muitos frutos de bênção brotarão de sua Cruz. Irrigado pelo poder de Deus, o grão de trigo germinará e se transformará em alimento bendito para muitos que o Senhor colocou perto de você.

Vamos orar?

Pai Santo, agradeço porque estás me ensinando a olhar para minha Cruz de cada dia de um jeito diferente. Sei que aos Teus olhos ela é como um grão de trigo que germinará até dar muitos frutos. Peço-Te que me ajudes a confiar no Teu amor por mim, para que possas alargar as medidas do meu coração com Tuas mãos e eu possa, enfim, amadurecer em amor, confiança e entrega. Pai, há momentos em que eu gostaria de me fechar sobre mim mesmo, sobre minha dor, mas sei que não é o que desejas de mim. Obrigado, porque, através de Jesus, o Senhor fez comigo uma aliança nova e eterna. Da minha parte, quero muito aprender a ouvir a Tua voz em meu interior, para ser capaz de dizer "sim" a cada novo passo que me chamas a dar. Abro mão de reclamar, julgar, cobrar, vitimizar-me para ficar completamente atento ao Teu chamado e àquilo que estás pedindo de mim hoje. Obrigado, meu Deus, porque sei que meu caminho vai muito além da Cruz; sei que esse caminho que estou percorrendo me levará a viver tudo o que o Teu coração sonhou para mim. Por isso, a Cruz e a prova não mais me amedrontam. Não preciso saber todas as respostas, porque tenho a Ti e isso é o bastante. Por tudo, agradeço de todo coração. Em Nome de Jesus. Amém.

JESUS, NOSSA PAZ

O Deus da esperança vos encha de toda a alegria e de toda a paz na vossa fé, para que pela virtude do Espírito Santo transbordeis de esperança.

(Romanos 15,13)

Se procurarmos em algum dicionário de língua portuguesa o significado da palavra PAZ, encontraremos algo mais ou menos assim:

PAZ (substantivo feminino)
Concórdia; sossego; cessação das hostilidades; descanso; (...)

Cada uma dessas palavras desvenda um pouco do que é sentir-se em paz ou estar em paz. Na verdade, cada uma delas indica algum ingrediente necessário na busca da paz interior ou da paz com alguém. Contudo, existe outro sinônimo para a palavra PAZ que não encontramos no dicionário, mas na Bíblia:

Porque Ele (JESUS) é a nossa paz, ele que de dois povos fez um só, destruindo o muro de inimizade que os separava.

(Efésios 2,14)

Paz é outro nome para Jesus. Essa definição deve ser escrita no dicionário de nossa vida. Aonde chega o Príncipe da Paz (ver Isaías 9,6), Ele traz consigo a serena confiança no amor poderoso de Deus, que vence toda confusão e angústia. Assim nos recorda o Evangelho de João:

Ao anoitecer daquele dia, o primeiro da semana, estando fechadas, por medo dos judeus, as portas do lugar onde os discípulos se encontravam, Jesus entrou e, pondo-se no meio deles, disse: "A paz esteja convosco."

(João 20,19)

O trecho acima se refere ao anoitecer do domingo da ressurreição do Senhor. Seus discípulos ainda não tinham compreendido o que estava acontecendo e, por isso, mantinham-se prisioneiros do medo, trancados em um mesmo lugar. É maravilhoso como, numa única frase, João é capaz de resumir a grande e imediata mudança que se operou na vida daqueles homens: "estando fechadas as portas... Jesus entrou"! Há momentos em nossa vida em que nos sentimos prisioneiros de nossos medos, problemas, dores. Não sabemos como sair, mas Jesus pode entrar! Foi o que aconteceu naquela noite em Jerusalém e, hoje, é o que pode acontecer aí onde você está. Mesmo que todas as portas pareçam fechadas, mesmo que você não saiba como sair dessa situação, Jesus agora está entrando em tudo isso junto com você.

Cada vez que Jesus ressuscitado se aproximava de seus discípulos, dois eram os sinais de sua presença, que faziam com que toda dúvida se dissipasse: as marcas dos pregos em Seus pés e Suas mãos, provas de que Ele havia passado pela cruz e vencido, e a saudação inconfundível, com a qual acalmava o coração dos Seus: "A paz esteja convosco!" Também hoje, aproximando-se de você, nosso Salvador deseja que os olhos da sua fé vejam Suas chagas gloriosas, troféus de Sua passagem pela Cruz, e que seu coração escute a palavra de paz que Ele traz para sua vida. Manter os olhos da alma sempre voltados para Jesus, crucificado e ressuscitado, é o segredo para não perder a paz. Um dia, o próprio Jesus havia predito a seus discípulos todo o abandono que Ele mesmo sofreria durante sua Paixão. Contudo, a fim de encorajá-los, disse o Senhor:

> *Disse-vos essas coisas para que tenhais a paz em mim. No mundo haveis de ter aflições. Coragem! Eu venci o mundo.*
>
> (João 16,33)

Quando olhamos para aquilo que o mundo ao nosso redor é capaz de fazer, perdemos a paz. Se nos deixamos intimidar pelas provações da vida, o desânimo rouba nosso entusiasmo. No entanto, se mantivermos nossos olhos fixos no Senhor, Nele reencontramos a serenidade da alma. O livro dos Salmos nos faz dizer:

> *Tenho sempre o Senhor ante meus olhos, pois, se o tenho ao meu lado, não vacilo.*
>
> (Salmos 15,8)

As armadilhas de confusão só nos aprisionarão se tirarmos os olhos de Jesus e de sua Palavra. O Senhor nos advertiu de que nossa paz estaria Nele, e não nos nossos planos ou na nossa capacidade de controlar as situações.

VOLTANDO PARA O DICIONÁRIO

Contudo, agora, voltemos para as definições de PAZ que nos são oferecidas pela língua portuguesa. Se compreendermos que, a todas elas, devemos acrescentar o "ingrediente mais importante", JESUS, então poderemos aprender excelentes lições.

Notemos que o primeiro sinônimo de paz, CONCÓRDIA, significa originalmente "corações que batem juntos". Duas pessoas que vivem em concórdia são capazes de ouvir uma a outra e partilhar respeitosamente seus sentimentos, suas ideias, seus sonhos. Onde há verdadeira concórdia, aí há paz, e isso significa que devemos aprender a "emparelhar" nosso coração a outros corações. Saber ouvir e sentir-se no lugar do outro ajuda-nos a acolher outra pessoa em nossa vida a partir do que ela é, e não a partir do que gostaríamos que fosse. Desse modo, somos capazes de dar alguns passos lado a lado no longo caminho de sua existência, e não simplesmente julgá-la a partir do nosso próprio percurso; abrimos mão de estar "na defensiva". Esse é o primeiro passo para uma convivência pacífica e respeitosa.

Acima de tudo, porém, é preciso ter concórdia com Deus. Sim! Aprender a elevar o próprio coração ao coração de Deus, amar o que Ele ama, sonhar o que Ele sonha, render-se à certeza de que Ele cuida de nós é a mais profunda fonte de paz. O próprio Senhor nos garante:

"Eu é que sei que pensamentos tenho a vosso respeito", diz o Senhor; "pensamentos de paz, e não de mal, para vos dar o fim que desejais."

(Jeremias 29,11)

A confiança no misericordioso amor de Pai que Deus nutre por nós nos assegura que, mesmo quando não somos capazes de compreender muito bem o caminho pelo qual avançamos, Ele pode nos conduzir à alegria verdadeira. Cabe a Deus guiar-nos pelo caminho da realização de nosso desejo mais profundo, mas cabe a nós transformar todos os caminhos de nossa vida em trilhas que nos levem para mais perto Dele. O único instrumento que temos para abrir essas trilhas chama-se confiança, outro nome para a paz.

Quando a confiança no Senhor inunda nosso coração, descobrimos que, de muitos modos, Ele se aproxima de nós para nos acompanhar no caminho da vida. Também atravessando nossos desertos e visitando nossa solidão o Senhor vem ao nosso encontro:

Preparai no deserto o caminho do Senhor, aplainai na solidão a estrada de nosso Deus.

(Isaías 40,3)

O profeta Isaías nos ensina que nossa tarefa é identificar e remover os obstáculos que levantamos e que impedem o toque de Deus em nós: rancores, desesperança, autossuficiência. Os desertos que atravessamos não nos afastam de Deus, mas podem ser exatamente o lugar do nosso encontro mais profundo com Ele. Que obstáculos existem hoje em seu coração e que você, através da oração, pode apresentar ao Senhor? Ele é capaz de vencê-los se você simplesmente se colocar em suas mãos e permitir que Ele o corrija como um Pai.

"Concordamos" com o coração de Deus, ou seja, aprendemos a colocar nosso coração no ritmo do Dele, quando aprendemos a ser como Jesus. Jesus nos ensina a nos sentir e a viver como filhos e como irmãos. Certamente ninguém como Ele teve o coração tão unido ao do Pai ("Eu estou no Pai e o Pai está em mim", João 14,11), e ninguém foi tão capaz de emparelhar seu coração com o dos outros a ponto de ficar conhecido como "o homem que perdoava pecados" (ver Lucas 7,49; Marcos 2,7ss.). Jesus nos ensina que, se desejamos experimentar a paz e criar um clima de paz ao nosso redor, precisamos aprender a perdoar, ter compaixão, cessar com as agressões. Ele próprio nos ensinou quanto é necessário emparelhar o nosso coração ao de Deus quando se trata de perdão

> *Porque, se perdoardes aos homens as suas ofensas, vosso Pai celeste também vos perdoará. Mas, se não perdoardes aos homens, tampouco vosso Pai vos perdoará.*
>
> (Mateus 6,14-15).

O Deus da paz, que nos perdoou e acolheu em Cristo Crucificado; que em seu Filho na Cruz nos ensinou o segredo da absoluta entrega e confiança, agora deseja ser o nosso instrutor no caminho da paz entre nós. Quando aprendemos a ter concórdia com o coração Dele, Ele mesmo nos leva irremediavelmente ao coração daqueles que estão ao nosso redor. Então se cumpre plenamente a obra de Jesus: cessam as hostilidades, os corações se unem em acolhimento e perdão, e nossa alma encontra sossego e descanso no mais íntimo, renovando até a vitalidade de nosso corpo. O Salmo 4 nos ensina que, quando nos sentimos numa eterna guerra (e, para algumas pessoas, o campo de batalha é a própria casa!), nosso corpo se debilita e carregamos nossos conflitos até para a cama. Quantas pessoas têm a impressão de acordar cansadas, logo pela manhã, porque passaram a noite ruminando mágoas e apreensões? Contudo, quando nos tranquilizamos em Deus e entregamos a Ele o cuidado de tudo o que somos e temos, então conciliamos o sono e colocamos limites às preocupações:

> *Apenas me deito, logo adormeço em paz, porque a segurança de meu repouso vem só de Vós, Senhor.*
>
> (Salmos 4,9)

DICAS DA BÍBLIA PARA CONSTRUIR A PAZ

No *Sermão da Montanha*, o Senhor Jesus nos convidou a ser “construtores da paz”. Isso significa que devemos nos empenhar ativamente em criar um clima de paz ao nosso redor. A Bíblia nos apresenta alguns passos para isso:

- Tenha sempre os olhos sobre o seu próprio interior; conheça-se. O apóstolo Tiago nos pergunta (e responde!): “Caríssimos, de onde vêm as guerras? De onde vêm as brigas entre vós? Não vêm, justamente, das paixões que estão em conflito dentro de vós?" (Tiago 4,1) Quando nossa casa ou o lugar onde nos encontramos se tornou um campo de batalha, é hora de vasculhar o nosso interior e, com a ajuda do Espírito Santo, reconhecer o que, dentro de nós, está alimentando o clima de confusão e combate. Quando não estamos em paz com nós mesmos, extravasamos cobranças, insatisfações e ciúmes. Um cristão incapaz de arrepender-se, reconhecer seus erros e recomeçar certamente vai procurar ao seu redor os "culpados" por sua infelicidade. Quando elegemos alguém para esse papel, começa a guerra! A Bíblia, contudo, nos lembra de que não devemos lutar com as pessoas (ver Efésios 6,12), mas pelas pessoas, pois o bom combate de nossa vida não é travado contra este ou aquele, mas no nosso interior, lutando para manter a fé. Às vezes, para Deus vencer numa situação de conflito ao nosso redor, é necessário que estejamos prontos para perder, abrindo mão de nosso desejo natural de prevalecer e controlar.

- Circunstâncias sofridas, incompreensões e solidão não significam que você perderá a paz: "A paz de Deus, que supera todo entendimento, haverá de guardar vossos corações e vossos pensamentos, em Cristo Jesus." (Filipenses 4,7). É possível sofrer e passar por provações sem perder a paz. A Carta aos Filipenses nos diz que há momentos em que não entendemos nada do que está nos acontecendo, e, mesmo assim, nosso coração e nossos pensamentos estão guardados pela paz de Deus. Nossa amizade com o Senhor nos dá segurança em todas as situações. Em algumas circunstâncias, teríamos todos os motivos para perder a tranquilidade e o equilíbrio, mas nossa confiança em Deus se torna o ponto a partir do qual olhamos para a vida, e a paz de Deus nos cobre inteiramente. Nesse momento, nos tornamos aquilo que Jesus desejou que fôssemos: "luz do mundo" (ver Mateus 5,14). Nossa serenidade se torna farol para aqueles que, perto de nós, talvez vivenciando a nossa mesma dor, deixaram-se atormentar pela provação, a ponto de perder a paz interior.

- A paz é uma conquista que deve ser buscada com perseverança. Em silêncio e com confiança na suave obra do Espírito Santo, aguardamos que a paz do Senhor vença os conflitos dentro de nós e entre nós. Diz a Carta aos Colossenses: "Triunfe em vossos corações a paz de Cristo, para a qual fostes chamados a fim de formar um único corpo. E sede agradecidos." (Colossenses 3,15). A paz do Senhor deve ir, aos poucos, silenciando todas as outras vozes que ouvimos no nosso íntimo: ansiedade, acusações, complexos. Se fizermos de nossa vida um constante aprendizado aos pés do Divino Mestre, sua paz triunfará em nós e ao nosso redor. A carta aos Gálatas também nos diz que a paz é fruto do Espírito Santo (ver Gálatas 5,22). Quando permitimos que Ele dirija nossa vida, naturalmente colhemos os sinais de Sua presença. Quanto mais espaço damos ao Espírito de Deus no nosso dia a dia, buscando-o na oração e deixando-nos conduzir por Ele sem atropelos, mais e mais vai brotando em nós a paz que vem somente de Deus. Ele pode fazer de nós novas criaturas, apaziguadas no íntimo e capazes de acalmar o coração daqueles que convivem conosco.

- Para construir a paz ao seu redor, você não precisa perder a paz no seu interior. Quando a ansiedade toma o lugar da paz, é sinal de que esquecemos que a obra é sempre do Senhor. Volte seus olhos novamente para Ele! Faça sua parte, sabendo que as pessoas próximas a você também estão fazendo, arduamente, o caminho delas. O apóstolo Paulo nos diz: "Se for possível, quanto depender de vós, vivei em paz com todos os homens." (Romanos 12,18.) No que depender de você, busque a paz com todos. Lembre-se, porém, de que tudo não depende de você; é preciso ter paciência e discernimento na hora de agir e falar. Além disso, o próprio Jesus já havia ensinado a seus discípulos: "Ao entrardes numa casa, saudai-a. Se a casa for digna, desça sobre ela a vossa paz; se ela não for digna, volte para vós a vossa paz." (Mateus 10,12-13.) Às vezes nos deparamos com pessoas que estão dispostas para o conflito; não aceitam a paz, porque já estão em guerra dentro delas mesmas. Também nessas horas, não devemos perder a paz que ofertamos; ela deve voltar para nós. Em todo o tempo, temos direito a usufruir da serena presença do Príncipe da Paz ao nosso lado. Quando encontrar alguém que ainda não está preparado para acolher a paz que você deseja ofertar, lembre-se de que sua reação não deve ser contagiar-se com agressividade. A obra é sempre de Deus e no tempo certo Ele alcança os corações. Como o Senhor disse um dia através do profeta Zacarias, Ele deseja hoje dizer a você:

Não pelo poder, nem pela violência, mas sim pelo meu Espírito é que será cumprida sua missão — oráculo do Senhor.

(Zacarias 4,6)

APRENDA A DESCANSAR

A última definição de paz que encontramos no dicionário é "descanso". Onde há paz, há o repouso garantido por Deus. Quando estamos unidos ao Senhor, isso não significa que não teremos fadigas físicas, problemas a resolver, mas sim que não seremos engolidos pela agitação nem seremos asfixiados pelo excesso de atividades. No primeiro livro da Bíblia, o Gênesis, encontramos o poético relato da criação do mundo. Nele, vemos o Senhor envolvido em sua obra durante seis dias. Ao final de cada realização, o Senhor viu "que tudo era bom". Diz então a Escritura que:

Tendo Deus terminado no sétimo dia a obra que tinha feito, descansou do seu trabalho.

(Gênesis, 2,1)

Podemos achar estranho que Deus tenha "descansado" do Seu trabalho. Acaso Deus poderia se cansar? Contudo, parece que o sentido da passagem não é exatamente esse. Deus descansou porque considerou que tinha terminado de fazer tudo o que tinha se proposto e que havia chegado o momento de pôr um fim em sua atividade. Infelizmente, nesse ponto, parece que fazemos as coisas de um jeito bem diferente. É cada vez maior o número de pessoas que não sabem mais descansar, não somente porque têm muitos compromissos ou atividades urgentes, mas porque não sabem colocar limites em sua agitação e consideram que nunca fizeram o bastante. Enquanto o cansaço se manifesta apenas fisicamente, não se importam muito. Contudo, chega um momento em que o esgotamento se instala na alma. O cansaço inútil, que pode disfarçar o vazio interior por um tempo, acaba gerando uma sensação de que nada mais tem sentido. A insatisfação constante, causada pela impressão de que nunca se fez o suficiente, acaba gerando acusações sobre os que estão por perto. A paz se perde quando não sabemos reconhecer a hora de parar e forçamos as barras da cobrança sobre nós e sobre os outros.

Nesse momento, a pessoa que se reconhece nessa situação deve estar se colocando na defensiva: "Quer dizer então que devo me tornar um preguiçoso, alguém acomodado, que faz o mínimo possível?" Absolutamente, não! O Reino de Deus precisa de empreendedores, pessoas de fibra, dispostas a se gastar para que a vontade do Senhor se cumpra na terra. Contudo, é preciso aprender a discernir aquilo que realmente exige nosso envolvimento daquilo que é apenas dissipação, perda de energia. É preciso também saber reconhecer o momento de parar, considerar que já foi feito o que deveria ter sido feito. A partir de determinado momento, principalmente quando estamos envolvidos diretamente com pessoas, não conseguimos mais controlar as coisas, "fazê-las acontecer". É preciso deixar espaço para o agir de Deus, como diz a Escritura:

> *Entrega teu caminho ao Senhor; confia Nele, e o mais Ele fará.*
>
> (Salmos 36,5)

Existe um "algo mais" que cabe a Deus fazer. Nesse momento, nossa parte é manter a confiança Nele, considerando que estamos contando com um Deus que sempre age na hora oportuna. Ao decidir fazer as coisas não aos atropelos, ligados a um "piloto automático", mas conscientemente, buscando direção em Deus, recobramos nossa capacidade de viver e o descanso que só a fé pode gerar em nós. E a paz se estabelece em nosso interior e ao redor de nós.

Oremos ao Senhor, pedindo o dom da paz para este dia:

Pai amoroso, eu Te agradeço porque, em meio a todas as provações de hoje, posso ter a paz em Jesus. Minha paz não está simplesmente na solução desse ou daquele problema; minha paz não depende de algo que está fora do alcance de minhas mãos. JESUS É A MINHA PAZ! Obrigado, Senhor, porque Jesus me ensina a emparelhar o meu coração com o Teu. Quero viver em concórdia Contigo hoje, meu Pai. Quero confiar nos Teus planos de amor para mim e, acima de tudo, quero aprender a perdoar e aceitar. Que a Tua Paz triunfe dentro de mim, para que eu seja capaz de irradiar serenidade àqueles que o Senhor vai trazer para perto de mim ao longo deste dia. Mesmo nas horas de prova, que meus olhos estejam voltados para o Senhor, a fim de que nenhuma dificuldade roube a minha certeza do Teu amor poderoso. Deus Santo, que eu não seja contagiado pela agressividade que tantas vezes permeia o ambiente onde me encontro. Que eu seja capaz de dar a paz e guardá-la em mim, para que minha missão seja cumprida debaixo da direção do Espírito Santo. Por Tua presença em minha vida, agradeço de todo coração. Amém.

DEIXE AS MOCHILAS — LEVE APENAS O CAJADO

> *Naquele tempo, Jesus chamou os doze, e começou a enviá-los dois a dois, dando-lhes poder sobre os espíritos impuros. Recomendou-lhes que não levassem nada para o caminho, a não ser um cajado; nem pão, nem sacola, nem dinheiro na cintura.* [...] *Então os doze partiram e pregaram que todos se convertessem. Expulsavam muitos demônios e curavam numerosos doentes, ungindo-os com óleo.*
>
> (Marcos 6, 7-8.12-13)

> *Os apóstolos reuniram-se com Jesus e contaram tudo o que haviam feito e ensinado. Ele lhes disse: "Vinde sozinhos para um lugar deserto, e descansai um pouco."*
>
> (Marcos 6,30-31)

Ao confiar uma missão a seus discípulos, Jesus jamais os deixava sem instruções. Ao contrário, dava-lhes lições preciosas que os capacitavam para realizar tudo aquilo que se referia ao propósito de Deus. Assim também acontece conosco: quando o Senhor nos confia uma missão, podemos estar certos de que Ele não espera que a realizemos sozinhos, contando apenas com nossas próprias forças. Colocando uma tarefa em nossas mãos, Jesus garante-nos sua companhia constante e o direcionamento necessário para que não nos percamos no meio do caminho. Foi ao confiar aos seus apóstolos a mais importante de todas as missões ("Ide por todo o mundo. Fazei discípulos entre todas as nações"), que Jesus lhes prometeu:

> *Eis que estou convosco todos os dias, até o fim do mundo.*
>
> (Mateus 28,20)

Portanto, para cumprir a missão que tem hoje em suas mãos, não se esqueça de que você não conta apenas com seus esforços; estão à sua disposição os recursos de Deus, que vão muito além do que você é capaz de imaginar ou pedir. Para dispor desses recursos, cabe a você buscá-los no Senhor, não permitindo que sua missão distraia você de Deus, mas fazendo dela um motivo a mais para encontrar-se com o Senhor na oração.

COLABORADORES DE DEUS

Enquanto caminhava pelas estradas da Galileia, Jesus tinha por hábito enviar dois de seus discípulos à sua frente, para preparar as cidades que deveriam acolhê-lo. É o que nos diz o Evangelho de Lucas:

> *Depois disso, designou o Senhor ainda setenta e dois outros discípulos e mandou-os, dois a dois, adiante de si, por todas as cidades e lugares para onde ele tinha de ir.*
>
> (Lucas 10,1)

Ora, uma das missões mais importantes que os discípulos receberam de Jesus foi justamente esta: preparar o coração das pessoas que deveriam recebê-lo em suas cidades, em suas casas. É verdade que, aonde os discípulos chegavam, curavam a muitos e libertavam os oprimidos pelos demônios, mas havia algo que só Jesus era capaz de realizar, algo que as pessoas aprendiam, através dos discípulos, a esperar somente de Jesus. E com isso, aprendemos uma primeira lição importante para cumprir também a nossa missão. Nossa parte não é "dar conta de tudo" ou "fazer as coisas acontecerem". Assim como os discípulos, devemos ser pessoas que, por onde passam, levam restauração e cura aos que encontram. Seria muito ruim se, ao invés de trazer saúde e fortalecimento para aqueles que encontramos em nosso caminho, acabássemos por adoecê-los física e psiquicamente com nossa presença e nossas atitudes. Contudo, existe algo que vai além de nossas possibilidades, algo que só Jesus pode realizar. É preciso que aprendamos a confiar que o "Senhor completa a obra começada" (Filipenses 1,6); caso contrário, corremos o risco de extrapolar a missão que nos foi confiada por Deus e querer realizar algo que não nos compete. Preparar o ambiente para que o Senhor possa fazer sua obra e crer que Jesus vai chegar no momento certo fazem parte do exercício da confiança, que nos torna instrumentos dóceis nas mãos de Deus.

Escrevendo aos cristãos de Corinto em nome dos líderes da Igreja, o apóstolo Paulo referiu-se a si mesmo e a seus companheiros com as seguintes palavras:

> *Na qualidade de colaboradores Seus, exortamo-vos a que não recebais a graça de Deus em vão.*
>
> (2Coríntios 6,1)

Era assim que Paulo via a si mesmo e aos demais apóstolos, como "colaboradores de Deus". Com essa expressão, Paulo nos ensina que ele considerava todas as grandiosas obras realizadas em sua vida como um trabalho conjunto entre ele e o Senhor. Aliás, o colaborador não é o idealizador de um projeto ou uma obra, mas um agente necessário para a sua execução. Assim também deveríamos ser nós: colaboradores de Deus; pessoas capazes de trabalhar "em conjunto" com o Senhor, para que aquilo que Ele sonha em seu coração possa se tornar realidade sobre a terra.

Como os discípulos que preparavam o caminho para que Jesus pudesse chegar, como Paulo, que colaborava com Deus para a concretização de seus projetos, nós também somos chamados pelo Senhor a uma tarefa que só se completará se aprendermos a depender dele o tempo todo. Quando não nos tornamos colaboradores de Deus, podemos acabar por ser seus "atrapalhadores", com nossa precipitação e nossos impulsos sem direcionamento. Quando nosso desejo é resolver as coisas de qualquer jeito, esquecendo-nos de que nossa parte é preparar o ambiente para que Jesus possa entrar e fazer aquilo que somente Ele é capaz de fazer, então acabamos por não encontrar nenhuma solução, mas apenas fugas. Soluções só são reais quando nosso "sim" a Deus prevalece sobre todas as outras coisas.

NUNCA SOZINHOS

Além disso, é importante notar que, ao confiar uma missão aos discípulos, Jesus jamais a colocava nas mãos de apenas um deles. A missão era partilhada "dois a dois". Para que a obra de Deus aconteça em nossa vida, em nossa casa, em nossa cidade, devemos aprender o segredo da unidade. Enquanto olhamos para aqueles que estão ao nosso redor como problemas, dificultadores da missão, muito pouco vamos alcançar. Haverá sempre entre nós e eles uma barreira de desconfiança, descontentamento. Quando, porém, cremos que as pessoas que Deus colocou ao nosso lado são colaboradoras numa mesma missão, em nossa casa, em nossa Igreja, no trabalho, então aprendemos a valorizar o que elas nos ensinam e realizam; aprendemos a dividir fardos, para não nos sobrecarregar com nossa autossuficiência nem esmagar os outros com cobranças exageradas. Aprender a ver no outro, às vezes tão perto de nós e tão diferente, não um obstáculo, mas uma ajuda para a realização da missão, faz com que floresçam pessoas ativas ao nosso redor. Quando trazemos tudo para nós, considerando que ninguém por perto é capaz de ser ajuda, mas sempre fardo, geramos ao nosso lado um deserto de pessoas acomodadas ou que se sentem eternamente incapazes. E nos tornamos eternos reclamões, nos sentindo sempre sobrecarregados.

EMPUNHANDO O CAJADO

Se voltarmos ao pequeno texto do Evangelho de Marcos que inicia este capítulo, aprenderemos ainda mais uma lição. Fazia parte da missão dos discípulos uma constante movimentação, uma constante disposição para viajar. Por isso, Jesus os instruiu para que não carregassem sacolas, mas apenas cajados. Esse detalhe poderia passar despercebido, porém devemos levar a sério cada indicação de Jesus. Se desejarmos avançar na missão que Deus nos confiou, precisamos aprender a também deixar para trás nossas pesadas mochilas e levar conosco apenas o cajado, aquilo que pode nos servir de apoio para firmar os próximos passos. É verdade que sofremos a tentação de fazer o contrário: jogar fora o cajado, ou seja, as palavras, as lembranças e as motivações que nos ajudam a prosseguir e ir acumulando cada vez mais coisas na mochila: lembranças doídas, ressentimentos, cobranças. A sobrecarga de decepções não superadas e de mágoas não transformadas pelo perdão acaba nos tirando a liberdade para fazer os movimentos que Deus pede de nós. Como está sua mochila hoje? O que você carrega, para onde quer que vá, e que o(a) impede de ter leveza para a viagem? Talvez seja a hora de parar um pouquinho com a leitura deste livro e abrir sua sacola pesada aos pés do Senhor. Um dia, Jesus nos convidou:

> *Vinde a Mim, todos vós que estais cansados e sobrecarregados debaixo do peso dos vossos fardos, e Eu vos aliviarei.*
>
> (Mateus 11,28)

Esse convite também é para você! O Senhor sabe que somos capazes de suportar a Cruz do dia de hoje, ainda que ela pareça bastante pesada. No entanto, Ele sabe igualmente que quando, além da Cruz de hoje, continuamos carregando a de ontem (ressentimentos) ou já tentamos tomar sobre os ombros a de amanhã (ansiedade), então ficamos sobrecarregados e caímos. Querido irmão, querida irmã, você tem Alguém a quem entregar seus fardos pesados! Jesus prometeu dar descanso às nossas almas se fôssemos até Ele. Faça isso agora!

Jesus permite que os discípulos levem consigo um cajado. Cajado, ou bordão, é um objeto com o qual o viajante se apoia com firmeza para dar o próximo passo, principalmente quando o terreno é acidentado e perigoso. Hoje, que cajado Deus tem colocado em suas mãos para ajudar você a prosseguir seu caminho? Pode ser uma palavra de incentivo, uma notícia confortadora, uma lembrança boa que faz você recordar quantas provas já enfrentou e venceu ao lado do Senhor. No Livro das Lamentações, o profeta Jeremias nos dá uma valiosa lição:

> *Quero trazer à memória aquilo que me dá esperança.*
> (Lamentações 3,21)

Quando escolhemos lembrar-nos das maravilhas que Deus fez em nossa vida, nosso coração se enche de esperança. Devemos olhar para trás em busca de coisas que nos ajudem a voltar os olhos em direção ao futuro com confiança. Também as lembranças positivas são um cajado para nos firmar no caminho. Infelizmente, parece que selecionamos as piores lembranças para guardar na memória. Escolhemos encher a mochila, e não tomar o cajado. Hoje é dia de mudar de atitude: lembrar que "o Senhor fez em nós maravilhas", também quando a vida nos fazia sofrer, para podermos acreditar que, desta vez, não será diferente.

RETORNAR A JESUS

Depois de cumprir a missão que lhes fora confiada, a Bíblia nos diz que os apóstolos voltavam para junto de Jesus. Percebendo quanto se dedicavam a corresponder ao Seu chamado, Jesus convidava seus amigos a descansar um pouco, em um lugar onde pudessem ficar a sós. Jesus não queria que, junto Dele, aqueles homens se sentissem apenas como cumpridores de tarefas; queria que eles se revigorassem e fossem capazes de compreender as maravilhas que Deus havia operado através deles. Voltar para Jesus significava, para os discípulos, abastecer-se de um alimento para a alma que os capacitava para novas empreitadas. O Senhor proporcionava a eles a oportunidade de se recolherem e descansar, para não se despedaçarem numa dispersão sem fim, à qual, depois de um tempo, correspondem o esgotamento e o vazio daqueles que não têm vida interior.

Jesus também conhecia o grande perigo de seus discípulos entrarem numa "montanha-russa" emocional, causada pelas grandes vitórias seguidas de momentos de vazio e questionamento. Todos conhecemos a expressão "fim de festa", que designa um sentimento estranho que nos visita depois de uma conquista ou, simplesmente, depois de um dever cumprido. Se não recolhermos as perdas e os ganhos que obtemos em nossa missão e não os colocarmos aos pés de Jesus, é possível que uma grande bênção seja seguida de uma grande sensação de frustração, de não saber mais o que fazer, de questionamento sobre o valor do que fizemos. Dando aos discípulos a oportunidade de silenciar e estar a sós com Ele, Jesus os estava preservando da lógica do "não podemos parar", que transforma pessoas em "máquinas de resolver problemas" que, cedo ou tarde, acabam enguiçando. Certamente Jesus não se admirava de que seus discípulos estivessem cansados, pois isso faz parte do chamado, mas Ele definitivamente não os queria engolidos pela agitação que gera uma espiral de euforia e esgotamento.

Jesus deseja nos tratar do mesmo modo que aos seus apóstolos. Ele sabe do tamanho da missão que temos a cumprir. Ele reconhece nosso esforço em fazer o melhor; talvez não o melhor do mundo, mas nosso melhor. Ele é capaz de dar valor ao que fazemos, ainda que continuemos nos cobrando e sentindo remorsos depois de termos feito tudo o que poderíamos. A cada vitória alcançada, ou simplesmente a cada dever cumprido com fidelidade, devemos voltar a Jesus. Infelizmente, existem muitas pessoas que começam sua jornada com o Senhor, mas não sabem retornar a Ele. Dissipam-se em mil coisas a fazer, ou então se perdem no meio do caminho, entregando-se à ansiedade ou à desesperança. Jesus certamente saberá nos acolher em Seu coração e nos convidará a um pouco de recolhimento, para que possamos renovar nossas forças e não nos tornarmos apenas "máquinas de resolver problemas". Começar em Jesus e retornar a Ele é o segredo para uma vida serena, a cada dia.

Vamos orar, pedindo que o Senhor capacite você para a missão do dia de hoje:

Pai Santo, agradeço porque sei que não esperas que eu consiga realizar minha missão sozinho. Obrigado, porque compreendi que, ao confiar-me uma missão, o Senhor me garante imediatamente Tua presença amorosa para ser meu sustento e refúgio. Pai, ultimamente tenho me sobrecarregado com fardos insuportáveis. Abro agora, diante de Ti, as sacolas que me esmagam e Te apresento tudo o que foi lançado sobre mim, ou que tinha me recusado a Te confiar até o dia de hoje: minhas decepções, meus ressentimentos, meus segredos, tudo enfim. Desejo viver inteiramente aquilo que o Senhor sonhou para mim e desejo, igualmente, ser um instrumento valoroso em Tuas mãos, para abençoar muitos outros. Para isso, recebo hoje a libertação da opressão das lembranças obsessivas, das acusações contra mim mesmo ou contra os outros. Tomo em minhas mãos o cajado da absoluta confiança no Senhor. Trago à minha memória todas as vezes em que o Senhor fez maravilhas em minha vida, quando eu mesmo já não podia fazer mais coisa nenhuma. Pai, agradeço por todos os que me ajudam a cumprir minha missão diariamente. Ajuda-me a reconhecer Tuas qualidades e demonstrar minha gratidão. Ajuda-me a vencer minha autossuficiência, minha mania de pensar que os outros são problema e não bênção. Dá-me uma visão positiva sobre as pessoas ao meu redor, para que eu saiba trabalhar em conjunto, sempre que for possível. Que eu aprenda a ouvir Tua voz que me instrui a cada dia, para que minha missão não se torne uma arma para ferir, mas seja sempre sinal do Teu amor que cura. Peço em Nome de Jesus Cristo, meu Senhor. Amém.

Amado irmão, amada irmã

Rogo a Deus que a partilha destas páginas tenha feito crescer seu amor e sua confiança em Jesus Cristo. Que o Bom Pastor seja o refúgio seguro para onde você pode retornar a cada dia, lançando aos pés Dele todos os fardos que o(a)sobrecarregam. Que contemplar Jesus, nosso Divino Mestre, seja para você fonte de inspiração para uma entrega generosa nas mãos do Pai, a fim de que Ele lhe conceda um coração quebrantado, capaz de expressar aceitação e misericórdia pelas pessoas que passam pelo caminho da sua vida. Que, perto de você, elas se sintam mais perto do Senhor Jesus Cristo.

A Ele, nossa profunda gratidão e o reconhecimento por tudo que somos e temos.

Deus abençoe largamente a sua vida.

Pe. Antonio José

Publisher
Kaíke Nanne

Editora executiva
Carolina Chagas

Coordenação geral
Maristela Ciarrocchi

Coordenadora de produção
Thalita Aragão Ramalho

Produtora editorial
Jaciara Lima

Preparação de texto
Vero Verbo serviços de editoração Ltda.

Revisão
Rafael Gomes Surgek
Samuel Gonçalves

Projeto gráfico e diagramação
Lúcio Nöthlich Pimentel

Este livro foi impresso no Rio de Janeiro, em 2015,
pela Edigráfica para a Petra.
O papel do miolo é chambril avena 80g/m²,
e o da capa é cartão 250g/m².